やさしい Go言語 入門

日向俊二●著

CUTT
カットシステム

はじめに

Go 言語はシンプルなプログラミング言語です。しかし、YouTube のような大規模で実用的なサイトが go 言語で構築されていることからもわかるように、Go 言語は実践的で強力なプログラミング言語でもあります。また、Go 言語の技術者は他のプログラミング言語の技術者より高収入であることも知られています。

Go 言語は、完全にフリーかつオープンソースであり、Linux、macOS、Windows、Android、iOS など、現在の主要な OS に対応しています。Go 言語はコンパイラーを活用することや並行処理が言語レベルで備わっているために、これまでにないパフォーマンスを期待できます。たとえば、インタープリタ言語である Python では実現できないことを、Go 言語でならば容易に実現できる場合があります。また、豊富なライブラリを利用できるので、開発効率が高まります。

Go 言語は、比較的新しい言語です。そのため、これまでの他のプログラミング言語の良い点と弱点をよく検討して、現代の要求にふさわしい言語として作成されています。たとえば、プログラマーは低レベルのメモリ管理に煩わされることはありません。メモリ管理はランタイムライブラリに任せておける一方で、Python や Java などのインタープリタ言語の実行効率を大幅に上回るパフォーマンスを実現しています。さらに、同じ 1 つのソースコードで多様な実行環境に対応することもできます。

本書はこのような特徴を持つ Go 言語のプログラミングをやさしく解説する書籍です。特に Go 言語の重要な事項に焦点を当てて、簡潔なサンプルプログラムを豊富に使ってわかりやすく解説しています。コンピュータの基本的な操作や、ファイルやディレクトリ（フォルダー）とそれらの基本的な操作、テキストファイルの作成と保存などについて知っていれば、誰でも本書を使って容易に Go 言語のプログラミングを学ぶことができます。

本書を参考にして Go 言語を楽しみながらマスターしてください。

2020 年 3 月　著者しるす

本書の表記

xyz　　斜体で表記された文字（列）は、そこに具体的な文字や数値が入ることを表します。

[ ]　　書式の説明で [ ] で囲まれている場合は、その項目を省略可能であることを示します。

>　　OS のコマンドプロンプトを表します。Linux などの UNIX 系 OS での実行例では $ で示すこともあります。

 補足説明や知っておくと良い事柄です。

ご注意

- 本書の内容は本書執筆時の状態で記述しています。執筆時の Go 言語の最新のバージョンは 1.13 です。将来、Go 言語のバージョンが変わるなど、何らかの理由で記述と実際とが異なる結果となる可能性があります。

- 本書は Go 言語や Go 言語で使うことができるパッケージについてすべて完全に解説するものではありません。必要に応じて Go 言語のドキュメントなどを参照してください。

- 本書のサンプルは、プログラミングを理解するために掲載するものです。実用的なアプリとして提供するものではありませんので、ユーザーのエラーへの対処やその他の面で省略してあるところがあります。

- 掲載しているプログラムコードの断片は、そのままでは実行できません。コードを実行するときには本書の内容をよく読んで理解してから実行してください。

本書に関するお問い合わせについて

本書に関するお問い合わせは、sales@cutt.co.jp にメールでご連絡ください。

なお、お問い合わせ内容は本書に記述されている範囲に限らせていただきます。特定の環境や特定の目的に対するお問い合わせ等にはお答えできませんので、あらかじめご了承ください。

お問い合わせの際には下記事項を明記してください。

- 氏名
- 連絡先メールアドレス
- 書名
- 記載ページ
- 問い合わせ内容
- 実行環境

も く じ

付　録……225

はじめての Go 言語

　ここでは Go 言語の単純なプログラムを作成して実行してみながら、Go 言語の概要を学びます。

　ここで紹介する Go 言語の構成要素については後の章で詳しく説明するので、この章では詳細はありのままに受け入れて、Go 言語でプログラムを作って実行するための作業の流れを掴んでください。

1.1　hello プログラム

　伝統的に、プログラミング言語を学ぶときの最初の課題は、「hello, world」と表示するプログラムを作ることでした。ここでは Go 言語で「hello, world」と表示するプログラムを作って実行する方法を説明します。

◆ はじめてのプログラム ◆

　Go 言語で「hello, world」と表示するプログラムを作る方法はいろいろありますが、ここでは 1 行の文字列を出力する Go 言語の命令である Println() と呼ぶものを使って作ることにします。

　次のソースプログラム（ソースリスト）をテキストエディターなどで入力してください。そして、hello.go という名前でファイルに保存します（各行の意味は後で説明します）。

リスト1.1●hello.go

```go
// hello.go
package main

import "fmt"

func main() {
    fmt.Println("hello, world")
}
```

 プログラムは UTF-8 という文字コードで保存してください。

◆ プログラムのビルドと実行 ···◆

このプログラムを実行するためには、ソースファイル hello.go に対してビルド（コンパイルともいう）と呼ぶ作業を行う必要があります。そのためには、このファイルを保存したディレクトリで次のコマンドを実行します。

```
go build [ソースファイル名]
```

次の例は Windows でファイルを「C:¥golang¥ch01¥hello」に保存したときの例です。

```
C:¥user>cd C:¥golang¥ch01¥hello
C:¥golang¥ch01¥hello>go build hello.go
```

これで実行可能ファイル hello.exe が生成されます。

また、ファイルを保存したディレクトリでファイル名を省略して「go build」というコマンドを実行することでもビルドできます（より複雑なプログラムでは省略するとビルドできない場合もあります）。

次の例は Windows でファイルを「C:¥golang¥ch01¥hello」に保存したときの例です。

```
C:¥user>cd C:¥golang¥ch01¥hello
C:¥golang¥ch01¥hello>go build
```

これで実行可能ファイル hello.exe が生成されます（go build コマンドを実行すると、実行可能ファイル名がそのソースファイルがあるディレクトリ名になります）。

「go build」でビルド（コンパイル）したときには、実行可能ファイル名はその
ファイルがあるサブディレクトリ名と同じ名前になります。たとえば Windows で
「C:¥golang¥ch01¥hello」にあるソースファイル hello.go をコンパイルしたら hello.
exe になりますが、「C:¥work¥sample」にあるソースファイル hello.go をコンパイルした
ら sample.exe になります。

hello.exe を実行するためには単に「hello」と入力します。

```
C:¥golang¥ch01¥hello>hello
hello, world
```

ここで出力された「hello, world」がこのプログラムの実行結果です。

Linux の場合も同様にします。次の例はファイルを「~/golang/ch01/hello」に保
存したときの例です（「~/」はユーザーのホームディレクトリを表します）。

```
$ cd ~/golang/ch01/hello
$ go build
```

これで実行可能ファイル hello が生成されます。

生成された実行可能ファイル hello を実行するためには単に「./hello」と入力し
ます。

```
$ ./hello
hello, world
```

ここで出力された「hello, world」がこのプログラムの実行結果です。

> **Note**　Go 言語でビルドとは、ソースプログラムから実行可能なファイルを生成することです。この作業を（広義の）コンパイルと呼ぶこともあり、Go 言語のプログラムはソースプログラムをコンパイルして初めて実行できるので、コンパイル言語あるいはコンパイラー言語と呼ぶことがあります。一方、Python のようにビルドする必要はなく、ソースファイルをそのまま読み込んで実行する言語をインタープリタ言語といいます。インタープリタ言語はコンパイルが不要なので手軽なように見えますが、実行に時間がかかるという大きな欠点があります。Go 言語の実行可能ファイルは非常に高速で動作するので、特にアクセスが非常に多いサーバープログラムのようなプログラムで個々のリクエストに対して並列実行することで威力を発揮できます。

◆ ビルド実行コマンド

　ソースファイルをビルド（コンパイル）してその場で実行するためのコマンドとして、go run コマンドがあります。

　hello.go をビルドして即実行するときには次のようにします。

```
> go run hello.go
```

　この go run コマンドでプログラムを実行した場合は、実行可能ファイル（この場合は hello.exe や hello）は作成されません（go run コマンドでプログラムを実行する場合はソースファイル名を省略しません）。

1.2　hello プログラムの意味

ここでは hello プログラムの各行を詳しく説明します。

◆ プログラムの解説 ··◆

先ほど入力したプログラムをもう一度見てみましょう。

リスト1.2●hello.go

```
// hello.go
package main

import "fmt"

func main() {
    fmt.Println("hello, world")
}
```

1 行目の「// hello.go」はコメントです。Go 言語では「//」で始まって行末までがコメントです。

コメントはプログラムの実行に影響を与えません。この例では、プログラムファイル名をコメントにしています。なお、「//」で始まって行末までのコメントの他に、「/*」で始まり「*/」で終わるコメントを使うこともできます。この /* */ の形式のコメントは複数行に渡っても構いません。たとえば次のように記述できます。

```
/*
 * hello.go - 最初のサンプルプログラム
 */
```

2 行目の「package main」は、以下の内容が main というパッケージと呼ぶものに含まれることを示しています。今の段階では、これは実行するプログラムに必要なおまじないであると考えておいてください。

　空行の次の行の「import "fmt"」は、fmt と呼ぶパッケージを使うことを宣言しています。この fmt は後でもう一度出てきます。

　「func main() {」は、これが main という名前の関数であることを表しています。Go のアプリケーションプログラムは、main という名前の関数にある最初の文から実行される決まりになっています。この行の最後の「{」は main という名前の関数のブロックの最初であることを表しています。

> 関数とは、何らかの機能を持っていて、それを使う（呼び出すという）と何らかの作用をするものです。main という名前の関数は、このプログラムの機能を備えます。後で出てくる Println() という関数は、引数の値を出力するという機能を持っています。関数であることを表すために main() とか Println() というように名前の後に () を付けることがよくあります。関数については第 6 章「関数」で詳しく説明します。

　7 行目の「fmt.Println("hello, world")」は実際に実行される唯一の文で、fmt という名前のパッケージの中にある Println() という関数を使って「hello, world」という文字列を出力して改行するための命令です。

> fmt という名前のパッケージの中にある Println() という関数を表すために、fmt.Println() という表現を使います。

　ここでは Println() の引数は "hello, world" だけですが、Println() の引数には任意の数の任意の型の値を指定できます。複数の引数を指定するときには「,」(カンマ)で区切ります。たとえば次のようにします。

```
fmt.Println("hello", 10, 'x')       // 「hello 10 120」と出力される
```

> 'x' が 120 と出力されるのは、文字コードの値が出力されるからです（10 進数で 120 は 16 進数で 78 であり、これは x という文字の文字コードを表します）。

　「fmt.Println("hello, world")」という行の前のほうの空白は、行を右にずらして表現することでこの文が「{」と「}」で囲まれたブロックの内部にあることを見やすくするためのものです。このように、空白を入れて行を右にずらして見やすくすることをインデントといいます。インデントもプログラムの実行には影響を与えません。そのため、次のように書いても間違いではありません。

```
func main() {
fmt.Println("hello, world")
}
```

　しかし、目で見てわかりにくいので、ブロックの内側のコードはインデントするべきです。
　最後の行の「}」は、「func main() {」という行の行末にあった「{」に対応するもので、この場合は main という名前の関数のブロックの最後であることを表しています。

Go 言語では、インデントの幅は水平タブ1個分のスペースにすることが推奨されています。一般的には、水平タブ1個分のスペースは空白8個分（システムで変更可能）ですから、厳密には、「fmt.Println("hello, world")」の行は次のように記載するべきかもしれません。

```
func main() {
        fmt.Println("hello, world")
}
```

　しかし、本書は書籍であるために表示できる幅が限られているという事情から、印刷してあるソースコードでは、インデントを空白4個分にしています。gofmt というツール（→付録B.2）を使うと、インデントを決められた通りにすることができます。

1.3 Go 言語の日本語対応

Go 言語ではソースコードに Unicode 文字を使うので、日本語を含めたさまざまな文字を自由に使うことができます。

◆ 日本語のプログラム

Go 言語のプログラムで日本語を表示するのは簡単です。たとえば、次のようにすることで日本語を表示したり入力することができます。

リスト1.3●hellojp.go

```go
// hellojp.go
package main

import "fmt"

func main() {
    var name string
    fmt.Printf("名前を入力してください：")
    fmt.Scan(&name)
    fmt.Printf("こんにちは、%sさん!", name)
}
```

> **Note**
> 入力された文字列を受け取る fmt.Scan() や、書式を指定して出力する fmt.Printf() については第 3 章で説明します。ここでは日本語文字列を使うことができるプログラム例としてとらえてください。

これをコンパイルして実行すると次のように「こんにちは、」に続けて入力された名前が表示されます。

```
>go build

>hellojp.exe
名前を入力してください：山本太郎
こんにちは、山本太郎さん！
```

関数や変数の名前に日本語を使うこともできます。

たとえば、次のプログラムのように、変数名や関数名を日本語にしてもビルドして実行することができます（変数や関数については第 2 章以降で説明します。ここではさまざまな名前に日本語を使えるという点に注目してください）。

リスト1.4●jpname.go

```go
// jpname.go
package main

import "fmt"

func 名前表示(氏名 string) {
    fmt.Printf("こんにちは、%sさん!", 氏名)
}

func main() {
    var 名前 string
    fmt.Printf("名前を入力してください:")
    fmt.Scan(&名前)
    名前表示(名前)
}
```

しかし、一般的には名前を日本語にすることは国際化や可読性の点で好ましくないので、変数名や関数名は特に理由がない限り平易な英語を使うべきです。

なお、ここで使われている関数 fmt.Scan() や、変数とプログラマーが自分で定義する関数については後の章で説明しますので、ここでは名前に日本語も使える例として見るだけにとどめてください。

1.4 Playground

ウェブブラウザーの中で Go 言語のプログラムを実行することができます。

◆ Go 言語実行サイト

ウェブブラウザーで https://play.golang.org/ を開くと、「The Go Playground」ページが表示されます。

図1.1●The Go Playground

ここでプログラムを編集したり Go 言語の実行してみることができます。

ただし、使用できるのは標準ライブラリだけで、セキュリティ上の理由などから、ネットワーク機能など多くの機能が制限されています。とはいえ、ちょっとした実験を行ってみるには十分ですし、いちいちビルド（コンパイル）しなくてもよいというメリットもあります。

■練習問題■

1.1　Go 言語をインストールしてバージョン情報を表示してください。バージョン情報を表示するときには「go version」を実行します。

1.2　hello プログラムを入力して実行してください。

1.3　「私の氏名は○○です。」と表示するプログラムを作ってください（○○にはあなたの名前を入れます）。

第2章

基本的な要素

ここでは Go 言語の基本的な要素について解説します。

2.1　名前と文

　変数や定数、関数や構造体など、名前を付けて識別するものには名前を付けます。名前にはキーワードを使うことはできません。

◆ キーワード

　キーワードは、システムによって予約されていて、変数や関数などの識別子の名前として使うことはできません。Go 言語のキーワードは次の通りです。

break	default	func	interface	select
case	defer	go	map	struct
chan	else	goto	package	switch
const	fallthrough	if	range	type
continue	for	import	return	var

　これらのキーワードは識別子の名前に使えません。
　名前の一部にキーワードを使うことは可能です。

```
var itype int = 123
var casep = &itype
```

　しかし、特別な理由がなければ避けるべきです。

◆ 名前の文字

　変数や定数、関数や構造体などを識別するための名前の文字には Unicode 文字を使います。名前は、先頭を Unicode 文字にして、2 文字目以降には Unicode 文字または数字と「_」を使います。

　ただし、名前に日本語を使うことや変数名に「_」を使うことは推奨されません。日本語の名前を使うことも可能ですが、何らかの特別な理由がない限り、平易な英単語とその組み合わせにするべきです。

キーワードを名前として使うことはできませんが、データ型はキーワードではないので、名前として使うことができます。次の例は「int」を変数の名前として使う例です。

```
func main() {
    var int64 int = 123

    {
        int := 23  // またはvar int int = 23
        fmt.Println(int)
    }

    fmt.Println(int64)
}
```

しかし、混乱の原因となるので使うべきではありません。

変数や関数名、構造体の名前、構造体のメンバーの名前などプログラマーが定義する名前は、先頭が小文字の場合はそのパッケージの中だけで有効です。他のパッケージからアクセスできるようにしたい場合は先頭を大文字にします（パッケージ名の先頭文字は小文字で構いません）。

◆文

仕様上、代入や関数呼び出しなどの文の最後には「;」（セミコロン）を記述することができます。

```
var x, y, z int;
x = 3;
y = twice(x);
z = sum(1, 3, 5, 7, 9);
```

しかし、文末の「;」を省略してもそこが文の終わりであることが明白な場合には、通常は省略します。

```
var x, y, z int
x = 3
y = twice(x)
z = sum(1, 3, 5, 7, 9)
```

　ただし、1 行に複数の文を書くときや、for 文（第 4 章で説明）で繰り返しの条件以外の式を書くときには必ず「;」を書きます。

```
// 1行に複数の式を記述 (特に理由がない限り推奨されない)
x = 3; y = twice(x); z = sum(1, 3, 5, 7, 9);

for i=0; i<10; i++ { ... }
```

◆ エスケープシーケンス

　エスケープシーケンスは、改行（¥n）のような ¥ で始まり特別な意味を持つものです。

表2.1●エスケープシーケンス

シーケンス	値	意味
¥a	U+0007	ベル
¥b	U+0008	バックスペース
¥f	U+000C	フォームフィード (改ページ)
¥n	U+000A	改行 (line feed、newline)
¥r	U+000D	キャリッジリターン (carriage return)
¥t	U+0009	水平タブ (horizontal tab)
¥v	U+000b	垂直タブ (vertical tab)
¥¥	U+005c	バックスラッシュ (日本語環境では¥)
¥'	U+0027	シングルクォート (')
¥"	U+0022	ダブルクォート (")
¥xhh		2つの16進数文字hhが表す文字。
¥uhhhh		4つの16進数文字hhhhが表す文字。
¥Uhhhhhhhh		8つの16進数文字hhhhhhhhが表す文字。
¥ooo		3つの8進数文字oooが表す文字。

　たとえば、次のようにするとシステムに設定されたベルの音が鳴ります。

```
fmt.Println("¥a")
```

2.2 データ型

Go 言語のプログラミングでは、値（データ）は特定の型のものであると考えます（他の多くのプログラミング言語でも同じ考え方をします）。

たとえば、1、5、999 などの整数は整数の型、12.34 や 0.0012 のような実数は浮動小数点型、「ABCdef」や「こんにちは」のような文字列は文字列型であると認識し、それぞれ別の種類のものであるとみなして扱います。

Go 言語には次のようなデータ型があります。

◆ 論理値型

論理値（ブール値）型は、bool として定義されていて、論理的に真であることを表す定数 true と、偽であることを表す false のどちらかの値をとります。

◆ 整数型

整数を保存するための整数型には表 2.2 に示す型があります。

表2.2●Go言語の整数型

型	説明	範囲
uint8	符号なし8ビット整数	0〜255
uint16	符号なし16ビット整数	0〜65535
uint32	符号なし32ビット整数	0〜4294967295
uint64	符号なし64ビット整数	0〜18446744073709551615
int8	符号あり8ビット整数	-128〜127
int16	符号あり16ビット整数	-32768〜32767
int32	符号あり32ビット整数	-2147483648〜2147483647
int64	符号あり64ビット整数	-9223372036854775808〜9223372036854775807
uint	32または64ビットの符号なし整数（システムに依存）	

型	説明	範囲
int	32または64ビットの符号付き整数(システムに依存)	
uintptr	ポインターの値をそのまま保存するのに充分な大きさの符号なし整数	
byte	バイトを表現する符号なし8ビット整数	0〜255
rune	Unicodeを表現する符号あり32ビット整数	-2147483648〜2147483647

intやuintのデータサイズはシステムに依存する点に注意してください。intのデータサイズは、第12章第2節「システム」の「データ型のサイズを調べる」に示すコードで調べることができます。

◆ **実数型** ⋯⋯⋯⋯⋯⋯⋯⋯⋯⋯⋯⋯⋯⋯⋯⋯⋯⋯⋯⋯⋯⋯⋯⋯⋯⋯⋯⋯⋯ ◆

実数を保存するための浮動小数点数型には表2.3に示す型があります。

表2.3●Go言語の浮動小数点数型

型	説明
float32	IEEE-754 32ビット浮動小数点数
float64	IEEE-754 64ビット浮動小数点数

実数の計算では、実数を2進数の内部表現に変換する際に誤差が発生することがあるという点に注意する必要があります。たとえば、次のように「x = 7.0」、「y = 0.3」にしたときにx*yを計算してみると、結果は「x*y= 2.1000001」と出力されます。

リスト2.1●ferror.go

```go
// ferror.go
package main

import "fmt"

func main() {
    var x, y float32
```

```
    x = 7.0
    y = 0.3
    fmt.Println("x*y=", x*y)
}
```

◆ 複素数型

実数部と虚数部からなる数である複素数型には表2.4に示す型があります。

表2.4●Go言語の複素数型

型	説明
complex64	float32の実数部と虚数部を持つ複素数
complex128	float64の実数部と虚数部を持つ複素数

◆ 文字列型

　文字列型は0文字以上の文字からなる文字列の値を表します。文字列型の型は
stringです。

　次の例はstringの変数a、b、cを宣言してaとbに値を保存した後でa + bの結
果を変数cに保存する例です。

```
var a, b, c string

a = "ABCdef"
b = "123456"
c = a + b
```

　文字列型の要素はbyte型の配列とみなすことができるので、インデックス（添え字）
を使ってアクセスすることができます。インデックスはゼロから始まります。そのため、
「a = "ABCdef"」であるとき、「a[0]=A」「a[3]=d」です。

　stringの文字列の長さは組み込み関数len()を使って調べることができます。

```
var a string
var n int

a = "ABCdef"
n = len(a)            // nは6になる
```

[*m:n*] で文字列の一部を指定することができます。*m* は指定する範囲の文字列の最初のインデックス、*n* は指定する範囲の最後のインデックスより 1 だけ大きい数です。次に例を示します。

```
var s = "hello, go language"
d := s[0:5]            // dは"hello"になる
```

日本語の文字列は、Go 言語の内部表現では通常は 1 文字が 3 バイトになるので、次のようになります。

```
var s = "こんにちは、Go言語"
d := s[0:6]   // dは"こん"になる
e := s[9:20] // eは"ちは、Go"になる
```

◆ 配列型 ◆

配列は同じ型の要素を並べたものです。変数を宣言するときには、型の名前の前に [ ] で要素数を指定します。

```
var vi [5]int        // 要素数5の整数配列
var vf [10]float32 // 要素数10の整数配列
```

要素にはインデックス（添え字）でアクセスすることができます。

```
vi[1] = 123
vf[0] = 12.3456
var v2d [5][8]int        // 2次元配列
var v3d [5][5][6]int     // 3次元配列
```

要素の数は長さといい、関数 len() で調べることができます。

```
var vi [5]int        // 要素数5の整数配列
   ：
```

```
n = len(vi)          // nは5になる
```

配列については 5.1 節「配列」でも説明します。

◆ スライス型

スライスとは、ある配列内の連続した領域への参照です。スライスの内容はその配列の要素の並びです。スライス型はスライスを表現する型です。配列は長さだけがあって後で長さを変更することはできませんが、スライスは容量と長さがあって後で要素数を変更することができます。

スライスについては 5.2 節「スライス」で説明します。

◆ 構造体型

構造体はフィールドと呼ばれる要素の集まりです。構造体型は構造体を表す型です。構造体について詳しくは 5.4 節「構造体」で説明します。

◆ ポインター型

ポインターとは、メモリ上のオブジェクト（もの）を指し示す値です。ポインター変数の値は、それが指している変数のアドレスと考えても構いません。

ポインターを使ってメモリの内容を変更することは可能ですが、C/C++ 言語などと違いポインター変数を演算することはできません。

```
var x [5]int = [5]int{1, 2, 3, 4, 5}
var px *int
px = &x[0]         // ポインター変数にアドレスを保存する
*px = 123          // 可能
px++               // エラー
px = px + 1        // エラー
```

new() を使ってメモリを確保してポインター変数に代入することができます。

```
// int型のポインター変数にintの値を保存するメモリを確保する
var p *int = new(int)
```

```
*p = 123
fmt.Println("p=", *p)
```

これは構造体のメモリを確保するときにさらに役立ちます。

◆ 関数型

関数は呼び出し可能な名前がある一連のプログラムコードです。関数型は、同一のパラメーターと同一の戻り値を持つすべての関数の集合を表します。

関数については 6.1 節「関数」で説明します。

◆ インターフェース型

インターフェースは、実行されるコードがない関数とみなすことができます。インターフェース型はメソッド群を規定します。インターフェース型はインターフェースを表す型です。

インターフェースについては 7.2 節「インターフェース」で説明します。

◆ マップ型

マップは、キーと値を持つ値です。

マップ型はある型（要素型）の要素の順序を持たない集合で、要素はユニークなキーで索引付けされます。

マップについて詳しくは 5.3 節「マップ」で説明します。

◆ チャンネル型

チャンネルは同時に実行されている 2 つの関数に、同期実行と特定の要素型の値を受け渡す通信機構を提供します。

チャンネルについて詳しくは第 8 章「並列処理」で説明します。

◆ 型の変換 ···◆

　互換性がある型の場合、型の名前の後に変換したい値を () で囲んで型を変換でき
ます。

　次の例は整数の値を実数（float64）に変換する例です。

```
var n int
var x float64

n = 123
x = float64(n)
```

　C/C++ 言語のような (int)x という形式で使うキャストは Go 言語にはありません。

```
n = (int)x    // キャスト。Go言語ではエラー
n = int(x)    // 正しい変換
```

2.3　変数と定数

　Go 言語のプログラミングでは、値を保存するために変数と定数を使います。

◆ 変数 ···◆

　プログラムの中で値を保存しておくものを変数といいます。

　変数は次の形式で、これからこの変数を使う、ということを宣言します。

```
var varname type
```

　var はこれが変数宣言であることを表すキーワード、varname は変数の名前、type
はその変数のデータ型です。データ型については次に説明します。

　たとえば、name という名前の文字列変数を宣言するときには次のようにします。

```
var name string
```

◆ 宣言の省略 ─────────────────────────────◆

関数の中に限って、事前の宣言なしで「:=」を使って変数を作成して値を代入することができます。

次の例は、関数 swap() の中だけで有効なローカル変数 temp を使う例です。

```
func swap(a int, b int) (x int, y int) {
    temp := a
    a = b
    b = temp
    return a, b
}
```

関数については第 6 章「関数」で説明します。ここでは、「{」と「}」で囲まれた中だけで使うローカルな変数を「:=」を使って宣言して使うことができることを覚えておいてください。

◆ 定数 ─────────────────────────────◆

定数とは、プログラムの実行中に内容が変わらない値に名前を付けたものです。
定数の定義には const を使います。

```
const PI = 3.14
const Hello = "Hello, Dogs"
```

次の例は定数を使うプログラムの例です。

リスト2.2●const.go

```
// const.go
package main

import "fmt"

func main() {
```

```
    const PI = 3.14
    const Hello = "Hello, Dogs"

    fmt.Println(PI * 2.5 * 2.5)
    fmt.Println(Hello)
}
```

次のようにグローバルな定数を定義して使うこともできます。

リスト2.3●constg.go

```
// constg.go
package main

import "fmt"

const PI = 3.14
const Hello = "Hello, Dogs"

func main() {

    fmt.Println(PI * 2.5 * 2.5)
    fmt.Println(Hello)
}
```

Note 先頭の文字を大文字にして定義したグローバルな定数は他のパッケージでも使うことができます。

　複数の一連の定数を定義したいときには、定数生成器 iota を使って一連の定数に連続する値をセットすることができます。

　定数値として iota を記述すると、その後に定数には1から昇順に値が設定されます。次の例では、7個の定数 Sun = 0、Mon = 1、Tue = 2、……、Fri = 5、Sat = 6 に値が

セットされます。

```
// 週日の定数
const (
    Sun int = iota
    Mon
    Tue
    Wed
    Thu
    Fri
    Sat
)
```

iota は式の中で使うこともできます。次の例は値 1 を左シフトする例です。

```
// 週日の定数
const (
    Sun int = 1 << iota    // Sun = 1
    Mon                    // Mon = 2
    Tue                    // Tue = 4
    Wed                    // Wed = 8
    Thu                    // Thu = 16
    Fri                    // Fri = 32
    Sat                    // Sat = 64
)
```

Go 言語であらかじめ提供されているパッケージには、よく使われる定数が定義されています。
たとえば、math パッケージには、数学的演算でよく使われる定数として、円周率 π が math.
Pi として定義されています。

◆ 有効範囲 ⋯⋯⋯⋯⋯⋯⋯⋯⋯⋯⋯⋯⋯⋯⋯⋯⋯⋯⋯⋯⋯⋯⋯⋯⋯⋯ ◆

変数や定数の有効範囲は次の通りです。

- 関数の外で宣言した名前の先頭が大文字の定数や変数は他のパッケージから参照できる。
- 関数の外で宣言した名前の先頭が小文字の定数や変数はそのパッケージの中で有効。
- 関数の中で宣言した定数や変数はその関数の中で有効。
- { } で囲まれた中で宣言した定数や変数はその { } の中で有効。

```go
func main() {
    var x, y, z int
    x = 3
    {
        var x = 12        // { }の中で有効
        fmt.Println(x)    // ここではxは12
    }
    y = twice(x)          // ここではxは3
```

2.4 リテラル

リテラルはソースプログラムに埋め込んだ値です。

◆ 数値のリテラル ⋯⋯⋯⋯⋯⋯⋯⋯⋯⋯⋯⋯⋯⋯⋯⋯⋯⋯⋯⋯⋯⋯⋯⋯ ◆

整数は 10 進数で表すときには数値をそのまま書きます。8 進数で表すときには先頭に 0 を付け、16 進数で表すときには 0x または 0X を付けます。

```go
const PI = 3.14             // 10進数表記
var n float32 = 2.345e02    // 10進数で234.5
var n1 int = 012            // 8進数（10進数で10）
var n2 int = 0x23           // 16進数（10進数で35）
```

Unicode のコードポイントを表現する整数のことを Rune（ルーン）と呼びます。ルーン（rune）は文字をシングルクォートで囲みます。ルーンの実体は整数なので、数で指定することもできます。

```
var r rune = 'あ'
r = rune(0x3044)      // rは'い'になる
c := 'a'
c := 'あ'      // マルチバイト文字
c := '\n'      // エスケープシーケンス
c := '\u3042' // コードポイント
```

浮動小数点数は 10 進数で表記し、指数表記を利用することもできます。小数部か整数部のいずれか一方が 0 の場合は省略することができます。

浮動小数点数のリテラルの例を次に示します。

```
3.1415
.25      // 0.25
12.      // 12.0
1.23e-2  // 0.0123の指数表記
```

複素数型に保存する虚数リテラルは、10 進数の整数または浮動小数点数の後ろに i を付けることで表現します。

虚数リテラルの例を次に示します。複素数は虚数部に i を使います。

```
var c1 complex128 = 1 + 2i        // 複素数
var c2 complex128 = complex(1, 2) // 複素数（上と同じ）
var c3 complex128 = 1.25i         // 複素数(0+1.25i)になる
```

◆ 文字列リテラル

文字列リテラルは、2 種類あります。

通常よく使われる「"」（ダブルクォート）で囲まれた文字列を、単に文字列と呼ぶか、または interpreted 文字列リテラルと呼びます。

```
hellow := "Hello Go language"
```

文字列はエスケープシーケンスが解釈（interpret）されます。たとえば、「\t」はタ

ブに展開されます。

```
var s = "abc¥tdef"
fmt.Println(s)          // 「abc    def」と出力される
```

「`」（バッククォート）で囲まれ、「`」以外はすべて書かれたとおりに評価する文字列を raw 文字列リテラルといいます。raw 文字列はエスケープシーケンスをエスケープしたくない場合に使います。

```
var sraw = `abc¥tdef`
fmt.Println(sraw)       // 「abc¥tdef」と出力される
```

2.5　演算子

Go 言語の演算子には以下に示すような演算子があります。

◆ 二項演算子

二項演算子は、演算子の左右の値に作用します。たとえば、次の二項演算子「+」を使った式は、a と b の値を加算した結果を c に代入します（「=」は代入演算子です）。

```
c = a + b
```

実行できるプログラムとして作るとしたら、たとえば次のようにします。

リスト2.4●aplusb.go

```
// aplusb.go
package main

import "fmt"

func main() {
    var a int = 2
```

```
    var b int = 5

    fmt.Println("a = ", a)
    fmt.Println("b = ", b)

    c := a + b

    fmt.Println("a + b = ", c)
}
```

 Note fmt.Println() の引数（かっこの中の値）は「,」でつなげて複数記述できる点に注意してください。

表2.5 に Go 言語の二項演算子を示します。

表2.5●二項演算子

演算子	説明	例
+	右辺と左辺を加算する。文字列の場合は結合する。	a + b
-	左辺から右辺を減算する。	a - b
*	右辺と左辺を乗算する。	a * b
/	左辺を右辺で除算する。	a / b
%	左辺を右辺で除算した余りを計算する。	a % b
&	左辺と右辺の各ビットの論理積を計算する。	a & b
|	左辺と右辺の各ビットの論理和を計算する。	a | b
^	左辺と右辺の各ビットの排他的論理和を計算する。	a ^ b
&^	左辺と右辺の各ビットの論理積の否定を計算する。	a &^ b
<<	右辺の値だけ、左辺を算術左シフトする。	a << b
>>	右辺の値だけ、左辺を算術右シフトする。	a >> b

これらの演算子は、後ろに「=」を付けることで計算と代入を同時に行うことができます。たとえば、「a += 1」は a の値を 1 だけ増やします。また、x が整数の時、「x <<= 1」は x の値を左に 1 ビットシフトします（値が 2 倍になります）。

◆ 単項演算子

単項演算子は、演算子の右側の値が左側の値に作用します。

たとえば、次の単項演算子「-」を使った式は、-5 を c に代入します。

```
c = -5
```

表 2.6 に Go 言語の単項演算子を示します。

表2.6●単項演算子

演算子	説明	例
+	右辺を足した値を計算する。	+5
-	右辺から引いた値を計算する。	-5
^	右辺の各ビットの否定を計算する。	^5

他の多くの言語では演算子として定義されている「++」および「--」は、Go 言語ではステートメントです。

たとえば、他の多くの言語では次の単項演算子を使った式は、a の値を c に代入した後で a の値を 1 だけ増加します。

```
c = a++          // Go言語ではエラーになる
```

Go 言語で同じことをするには次のようにする必要があります。

```
a++              // a++は1つのステートメント
c = a
```

「++」および「--」には前置と後置の 2 種類があります。前置の場合は値を評価する前にその演算子を評価し、後置の場合は値を評価してから演算子を評価します。

> **Note**
> 「++」と「--」ステートメントは、第 4 章「制御構文」で説明する for 文で頻繁に使います。

◆ 比較演算子

比較演算子は、演算子の左右の値を比較した結果を求めます。たとえば、次の比較演算子を使った式は、a と b の値が同じ値であるときに true として評価されます。

```
a == b
```

表 2.7 に Go 言語の比較演算子を示します。

表2.7●比較演算子

演算子	説明	例
==	左辺と右辺が等しければtrue	a == b
!=	左辺と右辺が異なればtrue	a != b
<	左辺が右辺より小さければtrue	a < b
<=	左辺が右辺より小さいか等しければtrue	a <= b
>	左辺が右辺より大きければtrue	a > b
>=	左辺が右辺より大きいか等しければtrue	a >= b

◆ 論理演算子

論理演算子は、演算子の左右の値（「！」の場合は右側の値）に作用して論理値を返します。たとえば、次の論理演算子を使った式は、a と b の値が共に true のときに true と評価されます。

```
a && b
```

表 2.8 に Go 言語の論理演算子を示します。

表2.8●論理演算子

演算子	説明	例
&&	左辺と右辺の論理積を評価する（右辺と左辺が共に真なら真）。	a && b
||	左辺と右辺の論理和を評価する（右辺と左辺のどちらかが真なら真）。	a || b
!	右辺の否定を評価する（右辺が真なら偽、右辺が偽なら真）。	!a

◆ 代入演算子

代入演算子は、演算子の右の値を左の変数に代入します。たとえば、次の代入演算子を使った式は、aとbの値を加算した結果をcに代入します。

```
c = a + b
```

表2.9にGo言語の代入演算子を示します。

表2.9●代入演算子

演算子	説明	例
=	左辺の変数へ右辺の値を代入する。	a = b
:=	左辺の変数を定義し、右辺の値で初期化する。	a := b

「:=」演算子は、左辺の変数が定義済みの場合は使えません（すでに値が入っている変数に「:=」演算子を使って値を代入することはできません）。たとえば、次のコードはエラーになります。

```
func main() {
    var n = 123
    fmt.Println(n)

    n := 256                // エラーになる
    fmt.Println(n)
}
```

しかし、次の例のように { } で囲んだ新しいブロック内で定義した変数やforループの中だけで有効な変数のように、別の変数として扱われる場合はエラーになりません。

```
func main() {
    var n = 123
    fmt.Println(n)

    {
        n := 256            // この{ }の中だけで有効なので問題ない
        fmt.Println(n)
    }
```

```
    for n := 0; n < 10; n++ { // forループの中だけ有効な変数なので問題ない
        fmt.Println(n)
    }
}
```

◆ アドレス演算子 ◆

アドレス演算子は、演算子の左右の値に作用します。

表 2.10 に Go 言語のアドレス演算子を示します。

表2.10●アドレス演算子

演算子	説明	例
&	右辺の変数のアドレスを取得する。	&a
*	右辺の変数に格納されたアドレスを解決する。	*p

たとえば、次のアドレス演算子を使った式は、a のアドレスを c に代入します。

```
c = &a
```

また、たとえば、次のアドレス演算子を使った式は、p のアドレスにある値を b に代入します。

```
b = *p
```

◆ 送受信演算子 ◆

送受信演算子は、チャンネルからの値を送信または受信するときに使います。送受信演算子の使い方については第 8 章「並列処理」で説明します。

表 2.11 に Go 言語の送受信演算子を示します。

表2.11●送受信演算子

演算子	説明	例
<-	左辺のチャンネルへ右辺の値を送信する。	ch <- a
<-	右辺のチャンネルから値を受信する。	a = <- ch

◆ 演算子の結合順序 ··◆

演算子には、複数の演算子が使われているときの優先度が設定されています。

表 2.12 に Go 言語の演算子の優先順位を示します。数字が大きいほど先に評価されます。

表2.12●Go言語の演算子の優先順位

優先度	演算子
5	* / % << >> & &^
4	+ - | ^
3	== != < <= > >=
2	&&
1	||

■ 練習問題 ■

2.1 変数 2 個を使うプログラムを作ってください。そのうちの 1 つの変数はローカル変数にしてください。

2.2 整数の割り算を行ってその商と余りを求めるプログラムを作ってください。

2.3 2 つの実数の変数を作って値を代入し、それらを比較した結果を出力するプログラムを作ってください。

第3章

コンソール入出力

この章では、キーボードから入力したり画面に表示する
方法について説明します。

3.1 コンソール出力

第 1 章と第 2 章では「fmt.Println()」を使って文字列や値を出力していました。ここでは「fmt.Println()」だけでなく、他の方法を使った出力についても説明します。

◆ fmt.Println()

これまでのサンプルでは fmt.Println() を文字列や値を使って出力してきました。この関数は、指定された値（文字列も 1 つの値です）を出力して改行します。

たとえば、次の文を実行すると「こんにちは」と出力することができます。

```
fmt.Println("こんにちは")
```

fmt.Println() では、出力する値を「,」でつなげて複数の値を出力することもできます。

```
var name = "椀子犬太"
fmt.Println("こんにちは、", name, "さん。")
```

このコードを実行すると「こんにちは、椀子犬太 さん。」と出力されます。

> **Note**　fmt.Println() で出力する値を「,」でつなげて複数の値を出力した場合、それぞれの値の間にスペース（" "）が入る点に注意してください。

◆ fmt.Printf()

これまでのプログラムでは、fmt.Println() を使いましたが、出力によく使うもう 1 つの関数として、fmt.Printf() があります。fmt.Printf() は出力する書式を指定して使います。

fmt.Printf() の基本的な書式は次の通りです。

```
Printf(format, v1, v2, v3 ...)
```

format は出力する書式を表す文字列です。

v1、v2、v3、……は出力する値です。これらの出力する値は、後で説明する書式文字列の「%」に続く文字に対応させます。

たとえば、次の「fmt.Printf("%d %5.2f %c¥n", x, v, c)」の場合、変数 x の値は「%d」の部分に、変数 v の値は「%5.2f」の部分に、変数 c の値は「%c」の部分にあてはめられて出力され、最後に改行（¥n）します。

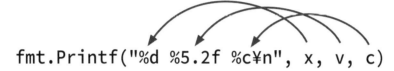

図3.1 ● 書式文字列と変数

%d、%5.2f、%c などの意味についてはこの後の書式指定文字列で説明します。

format に指定する書式は文字列そのものでも構いません。また、第 2 章で説明したエスケープシーケンスを使うこともできます。たとえば ABC と出力して改行したい場合は次のようにします。

```
fmt.Printf("ABC¥n")
```

fmt.Printf() では、出力する書式でエスケープシーケンス ¥n を使ってこのように明示的に改行を指定しない限り、出力後の改行は行われません。たとえば、次のようなコードを実行するとします。

```
fmt.Printf("Name:")
```

すると、「Name:」と出力された後で改行は行われないので、カーソル（入力する場所を示す点滅）は「Name:」の直後にあります。

```
Name:█
```

改行のエスケープシーケンスを含む書式を指定する例を次に示します。

```
var n int = 123
fmt.Printf("nの値は=%d¥n", n)
```

これを実行すると「nの値は=123」と出力され、出力後に改行されます。

これは、整数変数 n の値を「%d」という書式で出力して改行（¥n）します。

◆ 書式指定文字列 ·· ◆

書式指定文字列は、出力や入力などの書式を指定する文字列です。

fmt パッケージにある Printf() や後の章で説明する Fprintf()、そして入力に使う Scanf() などには、書式指定文字列を使って出力や入力の際の書式（フォーマット）を指定することができます。

すでに説明した「%d」はそこに整数を 10 進数で出力することを意味しますが、たとえば、「%x」を指定するとそこに整数を 16 進数で出力します。また、たとえば、「%8.3f」を指定するとそこに実数を全体で 8 桁で小数点以下 3 桁で出力します。

```
n = 28
fmt.Printf("nの値は=%d¥n", n)      // 出力は「nの値は=28」
fmt.Printf("nの値は=%x¥n", n)      // 出力は「nの値は=1c」

var v = 23.4567
fmt.Printf("vの値は=%8.3f¥n", v)   // 出力は「vの値は=  23.457」
```

このような書式指定文字列を一般化すると次のように表現できます。

%[*flags*][*width*][*precision*]*type*

出力の形式を指定する *type* に指定可能な主な文字を表 3.1 に示します。

表3.1●fmtパッケージの関数の主な書式指定文字

指定子	解説
%d	10進数で出力する
%b	2進数で出力する
%o	8進数で出力する
%#o	0付き8進数で出力する
%x	16進数で出力する（a-fは小文字）
%#x	0x付き16進数で出力する（a-fは小文字）
%X	16進数で出力する（A-Fは大文字）
%#X	0x付き16進数で出力する（A-Fは大文字）
%U	Unicodeコードポイントに対応する文字で出力する
%f	実数表現で出力する
%F	実数表現で出力する（%fと同じ）
%e	仮数と指数表現で出力する（eは小文字）
%E	仮数と指数表現で出力する（Eは大文字）
%g	指数部が大きい場合は%e、それ以外は%fで出力する
%G	指数部が大きい場合は%E、それ以外は%Fで出力する
%s	文字列をそのままの書式で出力する
%q	Go構文でエスケープされた文字列リテラルで出力する
%x	16進数表現で出力する（a-fは小文字）
%X	16進数表現で出力する（A-Fは大文字）
%v	型に応じたデフォルトの形式で出力する。
%T	値の型の名前を出力する。

flags には、次のような文字を指定できます。

表3.2●フラグの文字

フラグ	意味	例
+	正の整数でも符号を付ける	%+d
-	10進数で出力し、右を半角スペースで埋める	%-10d
0	指定した桁数だけ左を0で埋める	%010d

フラグ	意味	例
空白	指定した桁数だけ空白で埋める	%10d

flag は他のオプションを組み合わせることがよくあります。たとえば *flag* と *width* を指定した %0nd という書式指定文字列は、整数を 10 進数で出力し、数値 *n* で指定した桁数だけ左を 0 で埋めます。

width には、出力する幅を指定します。

precision には、出力する小数点以下の桁数を指定します。この数値を指定する場合は数値の前に「.」（ピリオド）を付ける必要があります。

ルーン（rune）の実体は整数なので、ルーンも表に示した書式指定文字を使って出力することができます。書式指定文字列でルーンを出力する例を次に示します。

リスト3.1●rune.go

```go
// rune.go
package main

import "fmt"

func main() {
    var r rune = 'あ'
    fmt.Printf("%c %q %d %x¥n", r, r, r, r)

    r = rune(0x3044)
    fmt.Printf("%c %q %d %x¥n", r, r, r, r)
}
```

次のように出力されます。

```
あ 'あ' 12354 3042
い 'い' 12356 3044
```

なお、書式指定文字の前に [*n*] という形式でその書式文字を適用する引数の順序を指定することができます。

```
fmt.Printf("%[2]d %[1]d¥n", 23, 45)          // 出力は「45 23」
fmt.Printf("%[3]c %[2]c %[1]c¥n", 'A', 'B', 'C')  // 出力は「C B A」
fmt.Printf("%[2]d %[2]d¥n", 23, 45)          // 出力は「45 45」
```

3.2 コンソール入力

ここではキーボードから文字列や数値を入力する方法を説明します。

◆ キーボードからの入力

キーボードからの入力をプログラムが受け取る方法は複数あります。ここでは、次の3種類について説明します。

- fmt.Scan() を使う方法
- fmt.Scanf() を使う方法
- スキャナーを使う方法

◆ fmt.Scan()

基本的なキーボードからの入力には、fmt.Scan() を使うことができます。
fmt.Scan() の書式は次の通りです。

```
fmt.Scan(&variable)
```

「&*variable*」の *variable* は入力された文字列を保存するための変数で、「&」はその変数のアドレスというものを使うことを意味しますが、ここでは、fmt.Scan() に「&」

と入力を保存する変数名を書いて実行すれば、キーボードからの入力を受け取れると理解してください。

変数は値を保存する入れ物で、たとえば次のように宣言します。

```
var name string
```

この最初の var は以降に変数の宣言が続くことを示す Go 言語のキーワードで、name が変数名、string はこの変数が文字列を保存するものであることを示します。

変数を宣言したら、次のコードを実行すると変数 name にキーボードの入力を受け取ることができます（入力される値は文字列です）。

```
fmt.Scan(&name)
```

しかし、単にキーボード入力を受け付ける命令を実行すると、画面には何も表示されないので、入力の前にこれから入力して欲しいことを表す文字列（プロンプト）を表示するのが普通です。ここでは「Name:」と表示してみましょう。

```
fmt.Printf("Name:")        // 「Name:」の出力（改行はしない）
```

ここまでで説明した文字列の入力に関するコードをまとめると、次のようになります。

```
var name string            // 変数nameの宣言
fmt.Printf("Name:")        // 「Name:」の出力（改行はしない）
fmt.Scan(&name)            // 変数nameにキーボードの入力を受け取る
```

こうして変数変数 name にキーボードの入力を受け取ったら、次の書式で fmt.Printf() を呼び出すことで、「Hello, name!」と出力することができます。

```
fmt.Printf("Hello, %s!", name)
```

プログラムをまとめると次のようになります。

リスト3.2●hellomr.go

```
// hellomr.go
package main

import "fmt"
```

```
func main() {
    var name string
    fmt.Printf("Name:")
    fmt.Scan(&name)
    fmt.Printf("Hello, %s!", name)
}
```

これを実行する例を示します。

```
>hellomr
Name:Pochi
Hello, Pochi!
```

文字列以外の他の型の値を入力することもできます。

たとえば、整数なら次のようにします。

```
var n int

fmt.Printf("整数を入力してください：")
fmt.Scan(&n)
```

また、たとえば、実数なら次のようにします。

```
var v float32

fmt.Printf("実数を入力してください：")
fmt.Scan(&v)
```

これらをまとめて実行できるプログラムにすると、次のようになります。

リスト3.3●inputvals.go

```
// inputvals.go
package main
```

```
import "fmt"

func main() {
    var n int
    var v float32
    var name string

    fmt.Printf("整数を入力してください：")
    fmt.Scan(&n)

    fmt.Printf("実数を入力してください：")
    fmt.Scan(&v)

    fmt.Printf("文字列を入力してください：")
    fmt.Scan(&name)

    fmt.Printf("nの値は=%d¥n", n)
    fmt.Printf("vの値は=%8.3f¥n", v)
    fmt.Printf("nameは=%s¥n", name)
}
```

◆ fmt.Scanf() ◆

書式を指定したキーボードからの入力には、fmt.Scanf() を使うことができます。
fmt.Scanf() の書式は次の通りです。

```
fmt.Scanf(format, a ...interface{})
```

この関数は標準入力から読み込んだテキストをスキャンして、書式文字列 *format* に
従って順に引数に格納します。書式文字列は書式が入力に限定されることを除いて fmt.
Printf() と同じです。

たとえば、キーボードから入力された 2 つの整数を、変数 n と m に保存したい場合は
次のコードを実行します。

```
fmt.Scanf("%d %d", &n, &m)
```

このコードを使った実行できるプログラム全体は次のようになります。

リスト3.4●scanf.go

```go
// scanf.go
package main

import "fmt"

func main() {
    var n, m int

    fmt.Printf("2つの整数を入力してください：")
    fmt.Scanf("%d %d", &n, &m)
    fmt.Printf("%dと%dの合計は%d¥n", n, m, n+m)
}
```

このプログラムの実行例を次に示します。

```
C:¥golang¥ch03¥scanf>scanf.exe
2つの整数を入力してください：12  23
12と23の合計は35
```

◆ スキャナー

バッファー付きのキーボードからの文字列入力には、スキャナーを使うことができます。

bufioというパッケージにあるNewScanner()を使ってスキャナーと呼ぶオブジェクトを作成します。このスキャナーオブジェクトは、ファイル入力に使うことができますが、ファイルの代わりにos.Stdinを指定することで標準入力（通常はキーボード）からの入力を受け取るオブジェクトとして作成することができます。

```go
scanner := bufio.NewScanner(os.Stdin)
```

　そして、このオブジェクトの Scan() を呼び出した後で、このオブジェクトの
Text() を使って入力された文字列を取得することができます。

```
scanner.Scan()
name = scanner.Text()
```

　これらのコードと入力された値を出力するためのコードを実行するためには、
"bufio"、"fmt"、"os" をインポート（import）する必要があります。これらの
import 文は次のように書くことができます。

```
import "bufio"
import "fmt"
import "os"
```

　しかし、このような複数の import 文はまとめて次のように書くことが推奨されてい
ます。

```
import (
    "bufio"
    "fmt"
    "os"
)
```

　ここまでに説明したコードを使って名前を入力して表示するプログラムを作ると、次
のようになります。

リスト3.5●scanner.go

```
// scanner.go
package main

import (
    "bufio"
    "fmt"
    "os"
)

func main() {
    var name string
```

```
    fmt.Printf("名前を入力してください：")
    scanner := bufio.NewScanner(os.Stdin)

    scanner.Scan()
    name = scanner.Text()

    fmt.Printf("nameは=%s¥n", name)
}
```

Note 標準入力は通常はキーボードですが、OSのリダイレクトやパイプと呼ぶ機能を使ってファイルから入力したり、他のプログラムの出力を入力することもできます。

3.3 コマンドパラメーター

プログラムを実行するときに、OSに対して入力する文字列全体をコマンドラインといいます。たとえば、「echo sample.dat」と入力して実行するときの「echo sample.dat」全体がコマンドラインで、「echo」や「sample.dat」のような空白で区切られた個々の文字列はコマンドとコマンドラインパラメーターです。

◆ コマンドライン引数の処理 ◆

Go言語のプログラムを実行（起動）するときのコマンドラインにパラメーターを指定して、プログラムの中で利用することができます。

コマンドラインのパラメーターを取得する1つの方法はosパッケージを利用する方法です。

osパッケージにあるArgs（os.Args）には、プログラム名とコマンドラインパラメーターが保存されます。

リスト3.6●cmndargs.go

```go
// cmndargs.go
package main

import (
    "fmt"
    "os"
)

func main() {
    if len(os.Args) < 3 {
        fmt.Println("引数を2個指定してください。")
        os.Exit(1)
    }

    fmt.Printf("実行ファイル名: %s\n", os.Args[0])
    fmt.Printf("引数1: %s\n", os.Args[1])
    fmt.Printf("引数2: %s\n", os.Args[2])
}
```

 上のコードは、後の章で説明する for 文を使ってよりシンプルなコードにすることができます。

このプログラムを Windows のコマンドラインで実行する例を次に示します。

```
C:\golang\ch03\cmndargs>cmndargs.exe abc 123
実行ファイル名: cmndargs.exe
引数1: abc
引数2: 123
```

os.Args は string 型のスライス（複数の値をまとめたもの）として定義されています。そのため、たとえば引数が数値であって、数として扱いたい場合は、string から

数に変換する必要があります。string から整数に変換するには strconv というパッケージに入っている Atoi() を使います。

　次の例は、コマンドライン引数に 2 個の整数を指定するとその和を計算して出力するプログラムの例です。

リスト3.7●addargs.go

```go
// addargs.go
package main

import (
    "fmt"
    "os"
    "strconv"
)

func main() {
    if len(os.Args) < 3 {
        fmt.Println("引数を2個指定してください。")
        os.Exit(1)
    }

    var x, y int
    x, _ = strconv.Atoi(os.Args[1])
    y, _ = strconv.Atoi(os.Args[2])
    fmt.Printf("%d + %d = %d¥n", x, y, x+y)
}
```

　「x, _ = strconv.Atoi(os.Args[1])」の x には最初の引数（os.Args[1]）を整数値に変換した値が入り、「_」にはエラーが発生した場合にエラーコードが保存されます。しかし、このプログラムではエラーコードは使わないので、値を無視するという意味の「_」を指定します。このような値を無視して使わないときに仮に入れるための「_」をブランク識別子といいます。

　このプログラムを Windows のコマンドラインで実行する例を次に示します。

```
C:¥golang¥ch03¥addargs>addargs.exe 23 45
23 + 45 = 68
```

■ 練習問題 ■

3.1　名前を入力すると、「○○さん、こんにちは」と出力するプログラムを作成してください。

3.2　2つの整数を入力すると加算した結果を出力するプログラムを作ってください。

3.3　コマンドライン引数に2個の実数を指定するとその和を計算して出力するプログラムを作ってください。文字列 s を実数に変換するときには「strconv. ParseFloat(s, 64)」を使います。

第4章

制御構文

この章では、プログラムの流れを制御する制御構文について説明します。プログラムの流れは、分岐と繰り返しで制御します。

4.1 条件分岐

条件分岐の文では、条件に応じて次に実行するコードを選択することができます。

◆ if 文

if 文は条件式を評価した結果に応じて実行するステートメントを決定します。

if 文の最も基本的な形式は次の通りです

```
if expr {
    statement
}
```

この場合、*expr* は条件式で、*expr* が真（True）であるときに、*statement* が実行されます。

たとえば、次のコードの場合、x がゼロより大きい数であるときに「xは正の数です。」と出力されます。

```
if x > 0 {
        fmt.Printf("%dは正の数です。", x)
}
```

条件が真でないときに実行したい文がある場合には else 節を使います。その場合の書式は次の通りです。

```
if expr {
    stat_true
} else {
    stat_false
}
```

stat_true は条件式が真の場合に実行するステートメント、*stat_false* は条件式

が偽の場合に実行するステートメントです。

たとえば、次のコードの場合、x がゼロより大きい数であるときに「xは正の数です。」と出力され、x がゼロより小さい数であるときに「xは正の数ではありません。」と出力されます。

```
if x > 0 {
    fmt.Printf("%dは正の数です。", x)
} else {
    fmt.Printf("%dは正の数ではありません。", x)
}
```

else に if を続けてさらに条件によって分岐を行うことができます。

たとえば、次のコードの場合、x がゼロより大きい数であるときに「xは正の数です。」と出力され、x がゼロより小さい数であるときに「xは負の数です。」と出力されます。

```
if x > 0 {
    fmt.Printf("%dは正の数です。", x)
} else if x < 0 {
    fmt.Printf("%dは負の数です。", x)
}
```

else if の後にさらに続けて else を使うこともできます。

たとえば、次のコードの場合、x がゼロより大きい数であるときに「xは正の数です。」と出力され、x がゼロより小さい数であるときに「xは負の数です。」と出力されます。そして、そのいずれでもない場合（つまり x がゼロである場合）には「xはゼロです。」と出力されます。

```
if x > 0 {
    fmt.Printf("%dは正の数です。", x)
} else if x < 0 {
    fmt.Printf("%dは負の数です。", x)
} else {
    fmt.Printf("%dはゼロです。", x)
}
```

キーボードから入力された整数が、正であるか負であるかゼロであるか調べるプログラムは次のようになります。

リスト4.1●ifelse.go

```go
// ifelse.go
package main

import "fmt"

func main() {
    var x int

    fmt.Printf("整数を入力してください：")
    fmt.Scan(&x)

    if x > 0 {
        fmt.Printf("%dは正の数です。", x)
    } else if x < 0 {
        fmt.Printf("%dは負の数です。", x)
    } else {
        fmt.Printf("%dはゼロです。", x)
    }
}
```

◆ switch 文

switch 文は、式を評価して、結果に応じて処理を切り替えます。書式は次の通りです。

```
switch expr {
case const-expr :
    stat
    [ fallthrough ]
default:
    default-stat
}
```

expr は処理を切り替える条件となる式、const-expr はその後の stat を実行する

ときの値、*stat* は実行するステートメント、*default-stat* は *expr* がどの *const-expr* とも一致しないときに実行するステートメントです。

「case *const-expr* : *stat*」は何組あっても構いません。また「default: *default-stat*」は省略しても構いません。*fallthrough* を記述すると、次の case または default のコードも実行します。

Note C/C++ とは異なり、break を記述しなくても次の case 文に抜けることはありません。

次の例は n の値に応じて出力を変える例です。

```
switch n % 2 {      // nを2で割った余り
case 0:
    fmt.Printf("%dは偶数です。¥n", n)
case 1:
    fmt.Printf("%dは奇数です。¥n", n)
}
```

どの case にも一致しない場合に実行するコードは default: に記述することができます。

```
switch n % 3 {
case 0:
    fmt.Printf("%dは3の倍数です。¥n", n)
default:
    fmt.Printf("%dは3の倍数ではありません。¥n", n)
}
```

expr を省略して *const-expr* に式を書いても構いません。

次の例は case の後の式で評価する例です。

```
switch {
case n < 0:
    fmt.Printf("%dは負の数です。¥n", n)
case n > 0:
    fmt.Printf("%dは正の数です。¥n", n)
default:
```

```
    fmt.Printf("%dはゼロです。¥n", n)
}
```

次の case または default のコードも実行できるようにしたいときには、case 文の最後のステートメントとして fallthrough を記述します。

次の例では n がゼロの場合に「case n > 0」のコードも実行されます。

```
switch {
case n == 0:
    fmt.Printf("%dはゼロです。¥n", n)
    fallthrough
case n > 0:
    fmt.Printf("%dは負ではない数です。¥n", n)
}
```

これらのコードを使ったプログラムの例を次に示します。

リスト4.2●switch.go

```
// switch.go
package main

import "fmt"

func main() {
    var n int

    fmt.Printf("整数を入力してください：")
    fmt.Scan(&n)

    switch n % 2 { // nを2で割った余り
    case 0:
        fmt.Printf("%dは偶数です。¥n", n)
    case 1:
        fmt.Printf("%dは奇数です。¥n", n)
    }

    switch n % 3 {
    case 0:
        fmt.Printf("%dは3の倍数です。¥n", n)
```

```
        default:
            fmt.Printf("%dは3の倍数ではありません。¥n", n)
        }

        switch {
        case n < 0:
            fmt.Printf("%dは負の数です。¥n", n)
        case n > 0:
            fmt.Printf("%dは正の数です。¥n", n)
        default:
            fmt.Printf("%dはゼロです。¥n", n)
        }

        switch {
        case n == 0:
            fmt.Printf("%dはゼロです。¥n", n)
            fallthrough
        case n > 0:
            fmt.Printf("%dは負ではない数です。¥n", n)
            fallthrough
        default:
            fmt.Printf("%dは整数です。¥n", n)
        }
}
```

実行例を次に示します。

```
C:¥golang¥ch04¥switch>switch.exe
整数を入力してください：25
25は奇数です。
25は3の倍数ではありません。
25は正の数です。
25は負ではない数です。
25は整数です。

C:¥golang¥ch04¥switch>switch.exe
整数を入力してください：12
12は偶数です。
```

```
12は3の倍数です。
12は正の数です。
12は負ではない数です。
12は整数です。


C:¥golang¥ch04¥switch>switch.exe
整数を入力してください：0
0は偶数です。
0は3の倍数です。
0はゼロです。
0はゼロです。
0は負ではない数です。
0は整数です。
```

4.2　無条件分岐

無条件に指定した場所にジャンプする命令として、goto 文があります。

◆ goto

goto 文は無条件に指定したラベルの場所にジャンプします。使い方は次の通りです。

```
goto LABEL
```

LABEL はジャンプ先のラベルで、名前の最後に「:」（コロン）を続けて「LABEL:」
という形式で記述します。

次の例は goto 文を使って繰り返す例です。

リスト4.3●go2.go

```go
// go2.go
package main

import "fmt"

func main() {
    var n int

LOOP:

    if n > 5 {
        goto LOOPEND
    }
    fmt.Printf("%dの2乗は%d\n", n, n*n)
    n++
    goto LOOP
LOOPEND:
}
```

実行例を次に示します。

```
C:\golang\ch04\go2>go2
0の2乗は0
1の2乗は1
2の2乗は4
3の2乗は9
4の2乗は16
5の2乗は25
```

Note

goto 文を多用すると、プログラムの流れがわかりにくくなり、発見しにくいバグの原因となるので、goto 文は他に方法がない場合や他のプログラミング言語のソースコードを書き換えるときに必要な場合に限ってきわめて限定的に使うようにするべきです。

4.3　繰り返し

通常、繰り返しには for 文を使います。

◆ for 文 ···◆

for は、何らかの作業を繰り返して実行したいときに使います。

for の基本的な使い方は次の書式で使う方法です。

```
for init-expr ; cond-expr ; loop-expr {
    stat
}
```

init-expr はこの for 文を実行する際に最初に実行される初期化式、*cond-expr* は
ループの終了を判定する式、*loop-expr* は繰り返しごとに評価する式、*stat* は繰り返
し実行するステートメントです。

次の例は、1 から 9 までの 2 乗の値を出力するコードの例です。

```
for i := 1; i < 10; i++ {
    fmt.Printf("%dの2乗は%d¥n", i, i*i)
}
```

このコードを関数 main() の中に記述して実行すると次のように出力されます。

```
1の2乗は1
2の2乗は4
3の2乗は9
4の2乗は16
5の2乗は25
6の2乗は36
7の2乗は49
8の2乗は64
9の2乗は81
```

for 文をネストする（for 文の中に別の for 文を記述する）こともできます。

次の例は、for 文をネストすることで 1 ～ 9 までの階乗の値を出力するコードの例です。

```
var v int
for i := 1; i < 10; i++ {
    v = 1
    for j := 2; j <= i; j++ {
        v = v * j
    }
    fmt.Printf("%dの階乗は%d¥n", i, v)
}
```

このコードを関数 main() の中に記述して実行すると次のように出力されます。

```
1の階乗は1
2の階乗は2
3の階乗は6
4の階乗は24
5の階乗は120
6の階乗は720
7の階乗は5040
8の階乗は40320
9の階乗は362880
```

多重代入を使ってループの中で複数の制御変数を使うことができます。

```
for i, j := 0, 9; i < 10 && j >= 0; i, j = i+1, j-1 {
    fmt.Println(i, j)
}
```

このコードを関数 main() の中に記述して実行すると次のように出力されます。

```
0 9
1 8
2 7
3 6
```

```
4 5
5 4
6 3
7 2
8 1
9 0
```

break を使って繰り返し処理を終了することができます。

以下の例では、i が 5 以上になったらループ処理を終了します。

```
for i := 0; i < 10; i++ {
    if i > 5 {
        break
    }
    fmt.Println(i)
}
```

ラベルを使えば、多重ループの内側の for 文から外側の for 文を超えて抜け出ること
もできます。

```
LOOP:
    for i := 0; i < 3; i++ {
        for j := 0; j < 3; j++ {
            if i == 1 && j == 2 {
                break LOOP
            }
            fmt.Println(i, j)
        }
    }
```

このコードを関数 main() の中に記述して実行すると次のように出力されます。

```
0 0
0 1
0 2
1 0
1 1
```

go 言語には while 文はありません。他の言語の while (...) { } に相当することは for 文に条件式だけを書くことで同じことを実現できます。

```
for i < 10 {
    fmt.Println(i)
    i++
}
```

他の言語の do { } while (...) に相当することは for 文の最後に if 文を使った条件分岐を書くことで同じことを実現できます。

```
var i int
for true {
    fmt.Println(i)
    i++
    if i > 5 {
        break
    }
}
```

無限ループを作りたいときは for 文の条件式を省略します。

```
for {
    fmt.Println(i)
    i++
    if i > 10 {
        break  // breakでループから抜けるかos.Exit()で終了する
    }
}
```

無限ループは、

- break でループから抜けるか、
- os.Exit() で終了するか、
- ユーザーが Ctrl キーを押しながら C キーを押すか、
- OS のコマンドでプロセスを停止してプログラムを停止する（ウェブサーバーなどの場合）

など、何らかの手段で終了させる必要があります。

◆ for … range 文 ···◆

for … range 文は、配列、スライス、文字列、マップ、チャンネルから受け取った一連の値の各要素すべてに対して処理を繰り返します。

Note 他のプログラミング言語でよくある foreach 文の代わりに Go 言語では for … range を使います。

次の例では、配列の各要素に対して fmt.Println() を実行します。

```go
for i, v := range []string{"りんご", "みかん", "バナナ"} {
    fmt.Println(i, v)
}
```

このコードを関数 main() の中に記述して実行すると次のように出力されます。

```
0 りんご
1 みかん
2 バナナ
```

繰り返しの回数を表す i のような数（カウンターともいう）が必要ない場合は、「_」（アンダーバー）を指定してその値を破棄することができます。

```go
for _, v := range []string{"りんご", "みかん", "バナナ"} {
    fmt.Println(v)
}
```

このコードを関数 main() の中に記述して実行すると次のように出力されます。

```
りんご
みかん
バナナ
```

マップ（map、連想配列）の場合は、for の後の最初の変数にキーが、2番目の変数に値がそれぞれ順に代入されます。

```
for k, v := range map[string]int{"りんご": 100, "みかん": 230, "バナナ": 180} {
    fmt.Printf("%5s %3d¥n", k, v)
}
```

このコードを関数 main() の中に記述して実行すると次のように出力されます。

```
りんご 100
みかん 230
バナナ 180
```

マップについて詳しくは次章の5.3節で説明します。

■練習問題■

4.1 キーボードから入力された整数が、奇数であるか偶数であるか調べるプログラムを作成してください。

4.2 入力された整数が、ゼロか、負の数か、10 未満の正の数か、10 以上の正の数かを調べて結果を表示するプログラムを作ってください。

4.3 入力された整数の階乗を計算するプログラムを作ってください。

第5章

コンポジット型

この章では、複数の値で構成された値の取り扱い方について説明します。

5.1　配列

　配列は、同じ型のデータを複数保存することができるデータ構造です。たとえば、複数の int 型のデータを同じ名前で保存することができます。

◆ 配列の宣言と使用 ....◆

　配列は次の形式で宣言します。

```
var name [size]type
```

　ここで、name は配列変数の名前、size は配列の要素数、type は配列の要素の型です。たとえば、int 型の要素が 5 個の配列は次のように宣言します。

```
var a [5]int
```

　宣言しただけで、各要素の値はゼロ値（int なら 0、float64 なら 0.0、string なら空文字列）になります。
　配列を宣言すると同時に特定の値で初期化することもできます。

```
var a [5]int = [5]int{1, 3, 5, 7, 9}
```

　個々の要素はインデックス（添え字）で識別します。たとえば、配列 a の 2 番目の要素は a[1] で表されます（インデックスはゼロから始まります）。

```
n := a[1]      // 2番目の要素を変数nに入れる
```

　先ほど定義した配列 a の要素をすべて出力するには、次のようにすることができます。

```
for i := 0; i < 5; i++ {
    fmt.Printf("a[%d]=%d¥n", i, a[i])
}
```

　インデックスは 0 から始まり、size − 1 で終わる点に注意してください。

　なお、このような場合、一般的にはインデックスを使わずに、range を使って次のように するほうが良いでしょう。

```
for i, v := range a {
    fmt.Printf("a[%d]=%d¥n", i, v)
}
```

　配列の要素の値を変更することもできます。次の例は、すでに使っている配列 a の 2 番目の要素と 4 番目の要素の値を変更して、配列の内容を出力する例です。

```
a[1] = 0
a[3] = 0
fmt.Println(a)
```

　fmt.Println(a) を使うことによって配列の要素がすべて出力され、この場合は [1 0 5 0 9] と出力されます。

　[m:n] で配列の一部を指定することができます。m は指定する範囲の配列の最初のインデックス、n は指定する範囲の最後のインデックスより 1 だけ大きい数です。次に例を示します。

```
// 配列を作る
var a [5]int = [5]int{1, 3, 5, 7, 9}

// 配列の一部を参照する
fmt.Println(a[1:3])
```

　これで配列の 1 番目から 2 番目（3 番目の直前）までの要素が出力され、この場合は [3 5] と出力されます。

　実行できるプログラムの例を次に示します。

リスト5.1●array.go

```
// array.go
package main

import "fmt"

func main() {
```

```go
    // 配列を宣言して初期化する
    var a [5]int = [5]int{1, 3, 5, 7, 9}

    // 配列の各要素を出力する
    for i := 0; i < 5; i++ {
        fmt.Printf("a[%d]=%d¥n", i, a[i])
    }

    for i, v := range a {
        fmt.Printf("a[%d]=%d¥n", i, v)
    }

    a[1] = 0        // 2番目の要素の値を変更する
    a[3] = 0        // 4番目の要素の値を変更する
    fmt.Println(a) // 配列全体を出力する

    // 配列を作る
    var b [5]int

    b[1] = 99
    b[3] = 99
    fmt.Println(b) // 配列全体を出力する
}
```

◆ 配列の特性

　配列は、一旦宣言したら、サイズを変更したり、既存の配列の最後に要素を追加したり挿入することはできません。

　配列のサイズは、len() を使って調べることができます。

```go
var a [5]int = [5]int{1, 3, 5}

fmt.Println( len(a) )   // 3個の要素しか初期化してなくても
                        // サイズは宣言したサイズの5になる

fmt.Println( a )    // [1 3 5 0 0]と出力される
```

　配列の要素数 − 1 を超えたインデックスを指定することはできません。たとえば、要素数 5 で宣言した配列 a に対して次のようにした場合、

```
var a [5]int = [5]int{1, 3, 5, 7, 9}
var n = a[5]
```

　コンパイル時に「invalid array index 5 (out of bounds for 5-element array)」と報告されます。

　配列は一旦作成したら要素数を変更できないので、多くの場合に配列の代わりに次に説明するスライスを使います。

5.2 スライス

　スライスは配列に似ていますが、より柔軟性のある構造です。

◆ スライスの宣言と使用 ◆

　スライスは、配列の中の連続した領域への参照です。いいかえると、スライスのベースには配列があり、それを柔軟に利用できるような仕組みを提供しているものがスライスです。

　スライスに付属する情報には、現在保存されている要素数である要素数（または長さ、length）と、保存できる要素数である容量（capacity）という 2 個の値があります。

　スライスは次の形式で宣言することができます。

```
var name  = []type{}
```

　ここで、name はスライス変数の名前、type はスライスの要素の型です。スライスの要素数は指定しません。

たとえば、要素が int 型のスライスは次のように宣言できます。

```
var a = []int{}
```

宣言しただけでは要素数が 0 で容量が 0 のスライスができます。要素数が 0 で容量が 0 のスライスに値を保存するときには、append() を使って要素を追加します。

```
var a = []int{}
a = append(a, 123)
```

これが実行されると、a は長さが 1 で容量が 1 のスライスになります。

スライスを宣言するのと同時に特定の値で初期化することもできます。

```
var a = [...]int{1, 3, 5, 7, 9}
```

スライスのベースとなる配列を作って、それをもとにスライスを作ることもできます。

```
// スライスのベースとなる配列を作る
var a = [...]int{1, 3, 5, 7, 9}

// スライスを作る
var s = a[1:4]
```

上の例では、元の配列 a は [1, 3, 5, 7, 9] ですが、スライス s の内容は配列 a の 2 番目の要素から 4 番目の要素までになるので [3, 5, 7] になります。

さらに、make() を使ってスライスを作成することもできます。make() の書式は次の通りです。

```
make([]type, length, capacity)
```

ここで type はデータ型、length はスライスの長さ、capacity はスライスの容量で、length と capacity は省略可能です。

たとえば、長さが 5、容量が 20 のスライスを作るときには次のようにします。

```
var c = make([]int, 5, 20)
```

こうして作成したスライスの容量は cap() で、サイズは len() で調べることができ

ます。

```
// 容量を調べる
fmt.Println(cap(s))
// サイズを調べる
fmt.Println(len(s))
```

スライスの要素は関数 copy() を使って別のスライスにコピーすることができます。

```
// スライスのベースとなる配列を作る
var a = [...]int{1, 3, 5, 7, 9}
// スライスを作る
var s = a[0:4]

// make()でスライスを作る
var d = make([]int, 5, 20)

copy(d, s) // スライスをコピーする
```

上の例ではスライス s の内容は [1 0 5 0] ですが、5 個の要素（長さ 5）を指定して作ったスライス d は [0 0 0 0 0] なので、コピーした結果としての d は [1 0 5 0 0] になります。

個々の要素をインデックス（添え字）で識別して値を参照したり変更する方法は配列と同じです。

実行できるプログラムの例を次に示します。

リスト5.2●slice.go

```
// slice.go
package main

import "fmt"

func main() {
    // スライスのベースとなる配列を作る
    var a = [...]int{1, 3, 5, 7, 9}
    fmt.Printf("type(a)=%T¥n", a)

    // スライスを作る
```

```
    var s = a[0:4]
    fmt.Printf("type(s)=%T¥n", s)

    // スライスの各要素を出力する
    for i, v := range s {
        fmt.Printf("s[%d]=%d¥n", i, v)
    }

    s[1] = 0        // 2番目の要素の値を変更する
    s[3] = 0        // 4番目の要素の値を変更する
    fmt.Println(s) // スライス全体を出力する

    // make()でスライスを作る
    var b = make([]int, 5, 20)

    b[1] = 18
    b[3] = 38
    fmt.Println(b) // スライス全体を出力する

    b = append(b, 88) // 要素を追加する
    fmt.Println(b)

    // make()でスライスを作る
    var d = make([]int, 5, 20)
    copy(d, s) // スライスをコピーする

    fmt.Println(d) // スライス全体を出力する
}
```

◆ 配列とスライス

　あらかじめ要素数がわかっていてプログラムの実行中に要素数を変える必要がない場合には、配列を使うのが適しています。あらかじめ要素数がわかっていないか、プログラムの実行中に要素数を変える必要がある場合には、スライスを使うのが適しています。また、要素をコピーしたいときにもスライスを使う必要があります。

```
// 配列を作る
var a [5]int = [5]int{1, 3, 5, 7, 9}
// 別の配列を作る
var b [5]int

// 配列の内容を代入する（これは可能）
b = a

// 配列の内容を配列にコピーする
copy(b, a)    // エラーになる
```

なお、「fmt.Printf("%T", a)」で変数の型（type）を調べたときに、配列は「[5]int」のように結果に要素数が表示され、スライスは「[]int」のように要素数が表示されません。

5.3 マップ

マップは、キーと値のペアを複数保存する構造です。

◆ マップの概要

マップは、キーと値という2つの情報をペアにして、それを複数保存するための構造です。

キーを重複することはできません。そのため、多数の要素の中からキーで値を素早く検索することができます。

◆ マップの作成

マップを作成する方法はいくつかあります。

空のマップを作成するときの書式は、次の通りです。

```
map [keytype] type
```

keytype にはキーの型、*type* には値の型を指定します。マップのキーに指定可能な型は「==」と「!=」で比較できる型だけです。

たとえば次のようにします。

```
var m = map[string]int{}
```

こうしてできるマップは長さゼロのマップです。

作成したマップには次のようにして要素を保存することができます。

```
m["Pochi"] = 5
m["Kenta"] = 3
```

これで自動的にマップ m の長さは 2 になります（長さをあらかじめ増やす必要はありません）。

マップを作成するのと同時にマップのデータを保存するときには、次のようにすることができます。

```
var m1 = map[string]int{"Pochi": 5, "Kenta": 3, "Sally": 5, "Tommy": 7}
```

この例は、キーが string で値が int であり、要素が 4 組のマップを作成する例です。このようなマップのデータの表現をマップリテラルといいます。

マップリテラルを改行して 1 行に 1 要素ずつ記述する場合は、最後の要素にも「,」が必要なので注意してください。

```
var m1 = map[string]int{
    "Pochi": 5,
    "Kenta": 3,
    "Sally": 5,
    "Tommy": 7,          // 最後に,が必要
}
```

make() を使ってマップを作成することもできます。次の例は、キーが string で値が int であるマップを作成する例です。

```
var m2 = make(map[string]int)
```

なお、次のように make() の２つ目の引数に容量（capacity）の初期値を指定することもできます。

```
make(map[string]int, 100)   // 100は容量
```

このようにして make() を使って作成したマップは空のマップなので、たとえば次のようにしてデータを登録します。

```
m2["Tommy"] = 18
m2["Jhon"] = 22
m2["太田"] = 32
```

特定のキーの要素は [ ] を使って取得できます。たとえば "Pochi" の値を出力するには次のようにします。

```
fmt.Printf("Pochi=%d\n", m1["Pochi"])
```

作成したマップは、キーを指定して値を変更することができます。

```
m1["Kenta"] = 4
```

また delete() を使って指定したキーの要素を削除することができます。

```
delete(m1, "Tommy")     // キーがTommyの要素を削除する
```

実行できるプログラムの例を次に示します。

リスト5.3●maps.go

```go
// maps.go
package main

import "fmt"

func main() {
    // マップリテラルからマップを作る
    var m1 = map[string]int{"Pochi": 5, "Kenta": 3, "Sally": 5, "Tommy": 7}
```

```
        fmt.Println(m1) // マップ全体を出力する

        m1["Kenta"] = 4        // キーが"Kenya"の要素の値を変更する
        delete(m1, "Tommy") // キーがTommyの要素を削除する
        fmt.Println(m1)        // マップ全体を出力する

        fmt.Printf("Pochi=%d\n", m1["Pochi"]) // "Pochi"の値を出力する

        // make()でマップを作る
        var m2 = make(map[string]int)

        // マップのメンバーを登録する
        m2["Tommy"] = 18
        m2["Jhon"] = 22
        m2["太田"] = 32

        fmt.Println(m2) // マップ全体を出力する
}
```

5.4　構造体

構造体はフィールドと呼ばれる要素の集まりです。

◆ 構造体の概要 .... ◆

構造体は、名前と型を持つフィールドを複数保持する構造です。

ブランクフィールド（「_」であるフィールド）以外のフィールド名は、1つの構造体の中でユニークでなければなりません。

◆ 構造体の定義 ....◆

構造体は次の形式で定義します。

```
struct {
    FieldDecl
}
```

FieldDecl は構造体のフィールド定義で、フィールド名と型を指定します。たとえ
ば、「id string」や「age int」などになります。
　次に例を示します。

```
struct {
    id   string
    name string
    age  int
}
```

　ただしこのように名前を付けないで定義した構造体は特別な場合に使われ、通常はキ
ーワード type を使って次の形式で構造体に名前を付けます。

```
type Name struct {
    FieldDecl
}
```

　たとえば次のように定義します。

```
type member struct {
    id   string
    name string
    age  int
}
```

　この例では構造体のメンバーの先頭は小文字です。小文字から始まる名前を持つメン
バーには他のパッケージからはアクセスできません。

　他のパッケージでも使いたい構造体は名前の先頭を大文字にする必要があります。ま
た、他のパッケージからもアクセスできるようにしたい要素も、名前の先頭を大文字に
します。

```
type Member struct {
    ID   string
    Name string
    Age  int
}
```

◆ 構造体の使い方 ·· ◆

　構造体型の値を作るときには、new() を使うことができます。たとえば、次のように
して構造体を定義してゼロ値（数値はゼロ、文字列は空文字列）に初期化されたメモリ
を確保して、そのメモリのアドレスを持つポインター型の値を取得することができます。

```
var mp = new(Member)
```

　こうして作成した構造体型の値（正確には構造体型のポインター）にデータをセット
するときには、たとえば次のようにします。

```
*mp = Member{"C123", "花丘", 58}
```

　構造体の個々のメンバーに値をセットすることもできます。

```
var mp1 = new(Member)

mp1.ID = "D233"
mp1.Name = "吉野"
mp1.Age = 27
```

　実行できるプログラム全体は次のようになります。

リスト5.4●struct0.go

```
// struct0.go
package main
```

```
import "fmt"

// Member - メンバーの構造体
type Member struct {
    ID   string
    Name string
    Age  int
}

func main() {
    var mp = new(Member)

    *mp = Member{"C123", "花丘", 58}

    fmt.Println(*mp)

    var mp1 = new(Member)

    mp1.ID = "D233"
    mp1.Name = "吉野"
    mp1.Age = 27

    fmt.Println(*mp1)
}
```

構造体を作成するのと同時にデータを作ることもできます。

```
mem := Member{"C123", "花丘", 58}
```

複数の構造体を一度に初期化することもできます。

```
var mem [3]Member = [3]Member{
    Member{"C101", "山田", 25},
    Member{"C111", "小石", 36},
    Member{"C123", "花丘", 58}}
```

　一連の構造体データをスライスに保存するには、まずスライスを作成してからデータを作成してスライスに登録（追加）します。

```
// スライスを作成を作成する
var members = []Member{}
// 構造体のデータを作成して
mem := Member{"C123", "花丘", 58}
members = append(members, mem) // スライスに追加する
```

あるいは、データを作成するとともにスライスに保存することもできます。

```
members = append(members, Member{"A010", "ポチ", 17})
members = append(members, Member{"A021", "犬太", 16})
members = append(members, Member{"B023", "Sally", 21})
```

また、個々のフィールドに値を設定したり参照することもできます。

```
// Coordinate struct - 2次元座標の構造体
type Coordinate struct{ x, y int }

func main() {
    // 構造体のデータを作成する
    var pos = Coordinate{}
    pos.x = 125
    pos.y = 234

    fmt.Printf("x=%d y=%d\n", pos.x, pos.y)
}
```

実行できるプログラムの例を次に示します。

リスト5.5●struct.go

```
// struct.go
package main

import "fmt"

// Member struct - 構造体Memberの定義
type Member struct {
    id   string
    name string
    age  int
```

```
}

func main() {
    // 構造体を保存するスライスを作成する
    var members = []Member{}
    // データを作成してスライスに保存する
    members = append(members, Member{"A010", "ポチ", 17})
    members = append(members, Member{"A021", "犬太", 16})
    members = append(members, Member{"B023", "Sally", 21})

    // 構造体のデータを作成して
    mem := Member{"C123", "花丘", 58}
    members = append(members, mem) // スライスに追加する

    fmt.Println(members)

    // 構造体のデータを作成する
    var pos = Coordinate{}
    pos.x = 125
    pos.y = 234

    fmt.Printf("x=%d y=%d¥n", pos.x, pos.y)
}
```

◆ 構造体を持つ構造体

構造体のメンバーを構造体にすることもできます。

たとえば、円の中心座標と半径を保存する構造体を作成するものとします。

最初に中心座標を保存する構造体 Point を定義します。

```
// Point 構造体-座標(X,Y)を保持
type Point struct {
    X,Y int
}
```

そして、この構造体を保存し、さらに半径を保存する円の構造体を定義します。

```go
// Circle - 円の構造体
type Circle struct {
    Center Point
    Radius int
}
```

円の値は次のようにして作ることができます。

```go
var c = Circle{Point{50,50}, 70}
```

座標値にアクセスするためには、次の形式でアクセスします。

> **円の構造体変数.円の構造体メンバー.座標の構造体メンバー**

この例ではこれは次のようになります。

```go
c.Center.X              // 円のX座標
c.Center.Y              // 円のY座標
```

この式は、たとえば次のように使います。

```go
fmt.Printf("中心座標は(%d,%d)¥n", c.Center.X, c.Center.Y)
```

必要に応じて次のようにしても構いません。

```go
p := c.Center
fmt.Printf("中心座標は(%d,%d)¥n", p.X, p.Y)
```

実行できるプログラム全体を次に示します。

リスト5.6●structstruct.go

```go
// structstruct.go
package main

import "fmt"

// Point 構造体-座標(X,Y)を保持
```

```go
type Point struct {
    X,Y int
}

// Circle - 円の構造体
type Circle struct {
    Center Point
    Radius int
}

func main() {
    var c = Circle{Point{50,50}, 70}

    fmt.Println(c)

    fmt.Printf("中心座標は(%d,%d)\n", c.Center.X, c.Center.Y)
    fmt.Printf("半径は%d\n", c.Radius)
}
```

これを実行すると、次のように出力されます。

```
C:\golang\ch05\structstruct>structstruct.exe
{{50 50} 70}
中心座標は(50,50)
半径は70
```

■ 練習問題 ■

5.1 5 人の人の名前をスライスに保存して出力するプログラムを作ってください。

5.2 文字列の ID と E メールアドレスを保存するマップを作成してデータを保存し、1
行に 1 件ずつ出力するプログラムを作ってください。

5.3 XYZ 座標を保存する構造体を定義してデータを一組作成して出力するプログラム
を作ってください。

第6章

関数

この章では、Go 言語の関数とインターフェースについい
て説明します。

6.1 関数

ここでは、基本的な関数の使い方といくつかの関数の例を示します。最初に Go 言語にあらかじめ用意されているいくつかの関数の使い方を学んだ後で、6.2 節「関数の定義」に進んで関数の作り方を学びます。

◆ 関数 .... ◆

関数は、何らかの処理を行って必要に応じて結果を返す、名前が付けられた呼び出し可能な一連のプログラムコードです。

たとえば、次の関数 Abs() は、引数の絶対値を返します。

```
var x, y float64

y = math.Abs(x)
```

このとき注意する必要があるのは、関数 Abs() はパッケージ math に含まれているので、math.Abs() という形式で呼び出す必要があるという点です。

Note C/C++ など他の多くの言語では Abs() のような基本的な関数（組み込み関数）は直接呼び出すことができますが、Go 言語では基本的な関数であってもパッケージ名を指定する必要があることに注意してください。

実行できるプログラムとしては次のようになります。

リスト6.1●getabs.go

```
// getabs.go
package main

import (
    "fmt"
```

```
    "math"
)

func main() {
    var x float64

    fmt.Printf("数を入力してください：")
    fmt.Scan(&x)

    fmt.Printf("%fの絶対値は%f¥n", x, math.Abs(x))
}
```

mathパッケージには他にもたくさんの数学関数が定義されています。表6.1にmathパッケージに含まれる関数のうち主な関数を示します（すべての関数についてはGo言語のドキュメントを参照してください）。( )の中の型は引数の型を示し、( )の後の型は関数から返される値の型を示します。

表6.1●mathパッケージの主な関数

名前	機能
Abs(x float64) float64	絶対値を返す。
Acos(x float64) float64	アークコサインを返す。
Asin(x float64) float64	アークサインを返す。
Atan(x float64) float64	アークタンジェントを返す。
Atan2(y, x float64) float64	アークタンジェントを返す。
Cbrt(x float64) float64	立方根を返す。
Ceil(x float64) float64	切り上げた結果を返す。
Copysign(x, y float64) float64	xの絶対値をもち、yの符号をもつ値を返す。
Cos(x float64) float64	コサインを返す。
Cosh(x float64) float64	ハイパーボリックコサインを返す。
Dim(x, y float64) float64	x - yか0の大きいほうの値を返す。
Exp(x float64) float64	e(2.71828182845904)を底とするべき乗を返す。
Floor(x float64) float64	切り捨てた結果を返す。
Hypot(p, q float64) float64	Sqrt(p*p + q*q)を計算して返す。

名前	機能
IsNaN(f float64) (is bool)	IEEE 754の非数であるかどうかを返す。
Log(x float64) float64	自然対数を返す。
Log10(x float64) float64	10を底とする常用対数を返す。
Max(x, y float64) float64	2つの引数のうち大きいほうを返す。
Min(x, y float64) float64	2つの引数のうち小さいほうを返す。
Mod(x, y float64) float64	x / yの余りを返す。
Pow(x, y float64) float64	xのy乗を返す。
Pow10(n int) float64	10のx乗の値を返す。
Round(x float64) float64	四捨五入した結果を返す。
Sin(x float64) float64	サインを返す。
Sinh(x float64) float64	ハイパーボリックサインを返す。
Sqrt(x float64) float64	平方根を返す。
Tan(x float64) float64	タンジェントを返す。
Tanh(x float64) float64	ハイパーボリックタンジェントを返す。
Trunc(x float64) float64	xの整数値(小数点以下を切り捨てた値)を返す。

※この表で、三角関数に関する値の単位はラジアンです。

たとえば、次のように使います。

```
// 切り上げた結果を求める
y = math.Ceil(x)

// 切り捨てた結果を求める
y = math.Floor(x)

// 四捨五入した結果を求める
y = math.Round(x)
```

以下に math の関数のうちいくつかの関数の使用例を含むプログラムを示します。

リスト6.2●mathpkg.go

```go
// mathpkg.go
package main

import (
    "fmt"
    "math"
)

func main() {
    var x float64

    fmt.Printf("数を入力してください：")
    fmt.Scan(&x)

    // 切り上げた結果を返す。
    fmt.Printf("%.2fを切り上げた値は%.2f\n", x, math.Ceil(x))

    // 切り捨てた結果を返す。
    fmt.Printf("%.2fを切り捨てた値は%.2f\n", x, math.Floor(x))

    // 四捨五入した結果を返す。
    fmt.Printf("%.2fを四捨五入した値は%.2f\n", x, math.Round(x))

    // e(2.71828182845904)を底とするべき乗を返す。
    fmt.Printf("%.2fの立方根は%.2f\n", x, math.Exp(x))

    // 平方根を返す。
    fmt.Printf("%.2fの平方根は%.2f\n", x, math.Sqrt(x))

    //     立方根を求める。
    fmt.Printf("%.2fの立方根は%.2f\n", x, math.Cbrt(x))
}
```

このプログラムの実行例を次に示します。

```
C:\golang\ch05\mathpkg>mathpkg.exe
数を入力してください：2.35
2.35を切り上げた値は3.00
2.35を切り捨てた値は2.00
2.35を四捨五入した値は2.00
2.35の立方根は10.49
2.35の平方根は1.53
2.35の立方根は1.33
```

Note math パッケージには、数学的演算でよく使われる定数も定義されています。たとえば、円周率 π は math.Pi として定義されています。

以下で、あらかじめ定義されている関数のうち代表的なものをさらにいくつか示します。

◆ 文字列処理関数

ここでは、関数の使い方に慣れることを目的として、文字列を処理するための関数について説明します。

Go 言語は文字列を処理するためのさまざまな関数をサポートしています。文字列を処理するための基本的な関数はパッケージ strings に含まれています。

表 6.2 に strings パッケージに含まれる関数のうち主な関数を示します（すべての関数については Go 言語のドキュメントを参照してください）。() の中の型は引数の型を示し、() の後の型は関数から返される型の値を示します。

表6.2●stringsパッケージの主な関数

名前	機能
Compare(a, b string) int	文字列aとbを比較し、a==bなら0、a < bなら−1、a > bなら1を返す。
Contains(s, substr string) bool	sの中にsubstrが含まれていればtrueを返す。

名前	機能
ContainsAny(s, chars string) bool	sの中にcharsのいずれかが含まれていればtrueを返す。
ContainsRune(s string, r rune) bool	sの中にUnicode文字rが含まれていればtrueを返す。
Count(s, substr string) int	sにあるsubstrの重複しない個数を返す。substrが空文字列ならsにあるUnicode文字数を返す。
HasPrefix(s, prefix string) bool	文字列sの先頭部分がprefixと一致するかどうかを返す。
HasSuffix(s, suffix string) bool	文字列sの末尾部分がprefixと一致するかどうかを返す。
Index(s, substr string) int	文字列sの中でsepが最初に出現する箇所のインデックスを返す。
Join(a []string, sep string) string	引数aの要素を結合して新たな文字列を作成して返す。
LastIndex(s, substr string) int	文字列sの中でsubstrが最後に一致する箇所のインデックスを返す。
Repeat(s string, count int) string	文字列sをcount回繰り返した文字列を返す。
Replace(s, old, new string, n int) string	文字列sの最初に一致するoldをnewに置換して返す。
ReplaceAll(s, old, new string) string	文字列sのoldをnewに置換して返す。
Split(s, sep string) []string	文字列sをsepで区切った文字列のスライスを返す。
ToLower(s string) string	文字列sの大文字を小文字に変換して返す。
ToUpper(s string) string	文字列sの小文字を大文字に変換して返す。
Trim(s string, cutset string) string	cutsetに含まれるUnicodeコードポイントを文字列sからすべて削除して返す。
TrimSpace(s string) string	文字列sから空白を削除して返す。

以下にこの表の中のいくつかの関数の使用例を含むプログラムを示します。

リスト6.3●strings.go

```go
// strings.go
package main

import (
    "fmt"
    "strings"
)

func main() {
    var s string

    fmt.Printf("文字列を入力してください：")
    fmt.Scan(&s)

    // 文字をカウントする。
    fmt.Printf("%sの文字数は%d\n", s, strings.Count(s, "")-1)

    // 文字列を繰り返す。
    fmt.Printf("%sを2回繰り返すと%s\n", s, strings.Repeat(s, 2))

    // すべて大文字に変換する。
    fmt.Printf("%sの小文字を大文字にすると%s\n", s, strings.ToUpper(s))

    // すべて小文字に変換する。
    fmt.Printf("%sの大文字を小文字にすると%s\n", s, strings.ToLower(s))
}
```

このプログラムの実行例を次に示します。

```
C:\golang\ch05\strings>strings.exe
文字列を入力してください：abcDEF漢字かなＡｂ
abcDEF漢字かなＡｂの文字数は12
abcDEF漢字かなＡｂを2回繰り返すとabcDEF漢字かなＡｂabcDEF漢字かなＡｂ
abcDEF漢字かなＡｂの小文字を大文字にするとABCDEF漢字かなＡＢ
abcDEF漢字かなＡｂの大文字を小文字にするとabcdef漢字かなａｂ
```

◆ 日時に関する処理 ·······································◆

日付と時刻に関する関数は time パッケージにあります。

time パッケージの関数のいくつかは、これまでに説明したものとは少々違う使い方をします。

たとえば、現在時刻を表す文字列を取得するためには、次のようにパッケージ time の関数 Now() に対して String() を呼び出します。

```
time.Now().String()
```

これは、パッケージ time にある関数 Now() を呼び出して、それによって返された日付時刻を表すものに対してさらに関数 String() を呼び出すことを意味します。

現在時刻を表示するには、次のようにして現在の日時時刻の文字列を取得して表示することができます。

```
fmt.Printf("ただいまは%s¥n", time.Now().String())
```

つまり次のような2つのコードを実行するのと同じです。

```
t := time.Now()
fmt.Printf("ただいまは%s¥n", t.String())
```

取得した日付時刻のうち、年の値だけを取り出したいときには次のようにします。

```
t.Year()
```

取得した日付時刻のうち、月の値だけを取り出したいときには次のようにします。

```
t.Month()
```

取得した日付時刻のうち、日の値だけを取り出したいときには次のようにします。

```
t.Day()
```

年月日を表示するなら、次のようにします。

```
t := time.Now()
fmt.Printf("%4d/%02d/%02d¥n", t.Year(), t.Month(), t.Day())
```

同様に時分秒を表示するには次のようにします。

```
t := time.Now()
fmt.Printf("%02d/%02d/%02d¥n", t.Hour(), t.Minute(), t.Second())
```

これらをまとめて実行できるプログラムとして作成したものを次に示します。

リスト6.4●datetime.go

```
// datetime.go
package main

import (
    "fmt"
    "time"
)

func main() {
    // 現在時刻を表示する
    fmt.Printf("ただいまは%s¥n", time.Now().String())

    // 現在時刻を表示する
    t := time.Now()
    fmt.Printf("ただいまは%s¥n", t.String())
    // 年月日
    fmt.Printf("%4d/%02d/%02d¥n", t.Year(), t.Month(), t.Day())
    // 時分秒
    fmt.Printf("%02d/%02d/%02d¥n", t.Hour(), t.Minute(), t.Second())
}
```

このプログラムの実行例を次に示します。

```
C:¥golang¥ch05¥datetime>datetime.exe
ただいまは2019-12-05 23:10:16.3237364 +0900 JST m=+0.007992101
ただいまは2019-12-05 23:10:16.5135596 +0900 JST m=+0.197815301
2019/12/05
23/10/16
```

6.2 関数の定義

ここでは独自の関数を定義する方法を説明します。

◆ 関数の定義

関数の定義には func キーワードを使います。関数の書式は次の通りです。

```
func name([args]) [(returns)] {
    statement
    return expr
}
```

name は関数の名前、args は関数の引数、returns は関数の戻り値の型、statement はその関数で実行する文です。引数と戻り値は省略することができます。また、引数と戻り値は「,」で区切って複数記述することができます。関数の戻り値 expr は return 文の後に記述します。戻り値のない関数の場合は、return 文は使いません。

次の例は、引数の値を2倍にして返す関数 twice() を定義する例です。

```
func twice(n int) int {
    return 2 * n
}
```

n はこの関数の引数で n の直後の int は n の型です。「twice(n int)」の後の int は関数の戻り値の型です。この例の場合、関数の戻り値は1個だけなので「func twice(n int) (int) {」のように () で囲む必要はありません。

関数の戻り値は return 文の後に記述します。値を返さない関数を作成することもでき、その場合は return を省略できます。値を返さない関数の途中で呼び出し側に戻る場合は return の後に値や式を記述しません。

Note　名前のない関数（無名関数）を作って呼び出すこともできます。無名関数については第8章「並列実行」で説明します。

◆ 複数の値を返す関数

　戻り値の型を複数指定することで、複数の値を返す関数を定義できます。複数の値を返す関数は返す値のリストを必ず () で囲み、引数は「,」で区切ります。

　次の例は、関数の引数として円の半径を受け取り、円の面積と円周を返す関数の例です。

```
// 面積と円周を返す関数
func circle(r float64) (float64, float64) {
    area := r * r * 3.14
    circ := 2 * math.Pi * r
    return area, circ
}
```

　上の例では、面積を計算するときには数値リテラル 3.14 を使って、円周を計算するときには math.Pi を使ってみました（単に定数の使い方の1つの例を示したにすぎません）。

　関数から返された値は、「,」で区切った変数に順に代入することができます。次の例は、最初の戻り値として返される面積を変数 area に格納し、第2の戻り値として返される円周を変数 circ に格納するコードです。

```
var area, circ = circle(r)
```

　返される値が必要ない場合には、変数名ではなく、ブランク識別子（_）を記述できます。たとえば、円周を必要としない場合は次のようにします。

```
var area, _ = circle(r)
```

　これで、返された面積は変数 area に格納されますが、返された円周の値は無視されます。

また、たとえば、面積を必要としない場合は次のようにすることができます。

```
var _, circ = circle(r)
```

このプログラムを実行できるようにした例を次に示します。

リスト6.5●circ.go

```go
// circ.go
package main

import (
    "fmt"
    "math"
)

// 面積と円周を返す関数
func circle(r float64) (float64, float64) {
    area := r * r * 3.14
    circ := 2 * math.Pi * r
    return area, circ
}

func main() {
    var r float64
    fmt.Printf("半径を入力してください:")
    fmt.Scan(&r)

    var area, circ = circle(r)
    fmt.Printf("半径%fの面積は%f¥n", r, area)
    fmt.Printf("半径%fの円周は%f¥n", r, circ)
}
```

◆ 可変長引数

fmt.Println() や fmt.Printf() のように、任意の引数を指定できる関数があります。このような関数の引数を可変長引数といいます。

　関数を定義するときに、引数の型名の前に「...」を指定すると、関数の引数を可変長引数にすることができます。可変長引数は、関数の中ではスライスとして扱います。

```go
func sum(vals ...int) int {
    total := 0
    for _, value := range vals {
        total += value
    }
    return total
}
```

　次の例は、可変長の引数を受け取り複数の値を返す関の例です。

```go
// 最大値と最小値を返す関数
func maxmin(v1, v2als ...int) (int, int) {
    max := -99999
    min := 99999
    for _, val := range vals {
        if max < val {
            max = val
        }
        if min > val {
            min = val
        }
    }
    return max, min
}
```

　これらをまとめて実行できるプログラムとして作成したものを次に示します。

リスト6.6●deffunc.go

```go
// deffunc.go
package main

import "fmt"

func main() {
    var x = 3
```

```go
    fmt.Printf("%dの2倍は%d¥n", x, twice(x))

    fmt.Printf("合計は%d¥n", sum(1, 3, 5, 7, 9))

    max, min := maxmin(1, 3, 5, 7, 9)
    fmt.Printf("最大値は%d 最小値は%d¥n", max, min)
}

// 引数の値の2倍の値を返す関数
func twice(n int) int {
    return 2 * n
}

// 合計を返す関数
func sum(vals ...int) int {
    total := 0
    for _, value := range vals {
        total += value
    }
    return total
}

// 最大値と最小値を返す関数
func maxmin(vals ...int) (int, int) {
    max := -99999
    min := 99999
    for _, val := range vals {
        if max < val {
            max = val
        }
        if min > val {
            min = val
        }
    }
    return max, min
}
```

このプログラムの実行例を次に示します。

```
C:\golang\ch05\deffunc>deffunc.exe
3の2倍は6
合計は25
最大値は9　最小値は1
```

可変長引数はスライスなので、append() で要素を増やしたり、len() や cap() で要素数や容量を調べることができます。

```
func sum(vals ...int) int {
    total := 0
    vals = append(vals, 88)              // 要素を追加する
    fmt.Println("cap()=", cap(vals))     // 容量を調べる
    fmt.Println("len()=", len(vals))     // 要素数を調べる
    for _, value := range vals {
        total += value
    }
    return total
}
```

　任意の型の可変長引数を受け取る関数は、引数の型をインターフェース型（interface{}）にします。

```
func Printmsgs(args ...interface{}) {
    fmt.Println(args...)
}
```

　インターフェースについては第 7 章「メソッドとインターフェース」で説明します。

　次の例は、任意の型の任意の数の引数を受け取る関数とそれを呼び出すコードの例です。

リスト6.7●Printmsgs.go

```
// Printmsgs.go
package main
```

```go
import "fmt"

// Printmsgs - 任意の型の可変長引数の例
func Printmsgs(args ...interface{}) {
    fmt.Println(args...)
}

// Dog - 独自の型の例
type Dog struct {
    name string
    age  int
}

func main() {
    Printmsgs("わんこだよ。")
    Printmsgs(88, "わんこだよ。")
    Printmsgs(-1, "わんこだ。", "ダメだこりゃ")

    dog := Dog{"Pochi", 12}

    Printmsgs(dog, "わんこだよ。")
}
```

◆ ポインター

　値のアドレスを指す値をポインターといいます。C 言語や C++ などではポインターを直接操作することができるので、ポインターは理解が難しいものと考えられることがあります。しかし、Go 言語ではポインターを直接操作することはありません（ポインターそのもの値を変更する加算演算子「+」やインクリメント「++」さえ定義されていません）。

　そのため、Go 言語のポインターについては、単にポインターには特定の値があるメモリ上の場所を指す値が保存されていると理解するだけで構いません。

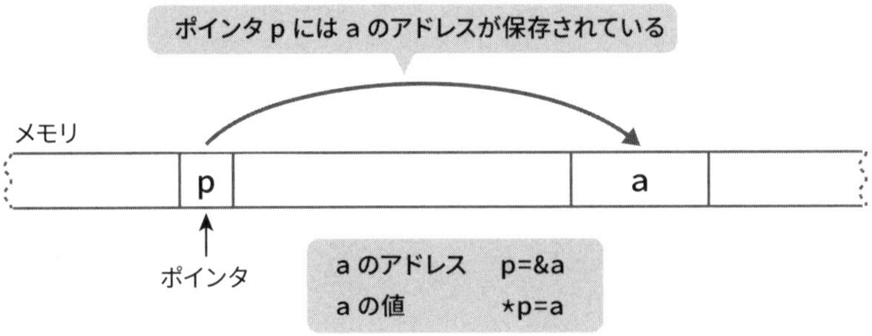

図6.1●ポインター

　Go言語では、ポインターは、次に説明する引数の参照渡しで良く使われます。

◆ 値渡しと参照渡し

　関数の引数への渡し方には、値そのものを渡す値渡しと、値のアドレスを渡す参照渡しがあります。

　値渡しの場合は、関数には値が渡されます。そのため、関数内で値が変更されても、呼び出し側には何の影響もありません。

```
// byVal() - 値渡しの関数
func byVal(a int) {
    a = a + 1
}

func main() {
    // 値渡しの呼び出し
    var n = 1
    byVal(n)
    fmt.Println("n=", n) // n=1のまま
}
```

　一方、参照渡しでは、値のアドレスが渡されるので、アドレスの場所の値が変更されると、呼び出し側に戻ったときにはその値が変更されています。

```
// byRef() - 参照渡しの関数
func byRef(a *int) {
```

```
    *a = *a + 1
}

func main() {
    // 参照渡しの呼び出し
    var n = 1
    byRef(&n)
    fmt.Println("n=", n) // n=2になる
}
```

実行できるプログラム全体を次に示します。

リスト6.8●byref.go

```
// byref.go
package main

import "fmt"

// byVal() - 値渡しの関数
func byVal(a int) {
    a = a + 1
}

// byRef() - 参照渡しの関数
func byRef(a *int) {
    *a = *a + 1
}

func main() {
    // 値渡しの呼び出し
    var n = 1
    byVal(n)
    fmt.Println("n=", n) // n=1のまま

    // 参照渡しの呼び出し
    n = 1
    byRef(&n)
    fmt.Println("n=", n) // n=2になる
}
```

Note　Go 言語では、一般的には変更された値を使いたいときには、参照渡しにするよりも、変更された値を戻り値として返すようにするほうが良いでしょう。

■練習問題■

6.1　入力された文字列を 3 回繰り返した結果を出力するプログラムを作成してください。たとえば、「Hello!」と入力したら「Hello! Hello! Hello!」と出力します。

6.2　入力された実数の切り捨てた結果と四捨五入した結果を表示するプログラムを作成してください。

6.3　2 個の整数の和と差を返す関数とその関数を使うプログラムを作ってください。

第7章

メソッドと
インターフェース

7.1 メソッド

ここでは Go 言語のメソッドとインターフェースについて説明します。

◆ メソッド

Go 言語のメソッドは、これまでに説明してきた関数に似ていますが、関数を値と結び付けたものがメソッドであるとみなすことができます。いいかえると、値が自分自身に作用する手段がメソッドであるともいえます。

> **Note**
>
> C++ や Java など、多くのオブジェクト指向プログラミング言語では、メソッドはオブジェクトに作用する、名前が付けられた呼び出し可能な一連のコードです。しかし、Go 言語では、関数に値を関連付けたものをメソッドと呼びます。Go 言語のメソッドを理解するためには、C++ や Java などのオブジェクト指向プログラミング言語のメソッドの概念からは離れてください。

最初に関数をみて、それからそれをメソッドに変えてみましょう。

◆ 単純なメソッド

ここで整数の値を 2 倍にして返す関数 Twice() を作るとすると、次のように作ることができます。

```go
// Twice - 値を2倍にして返す関数
func Twice(n int) int {
    return n * 2
}
```

このような関数は、たとえば次のように呼び出すことができます。

```go
func main() {
    n := 2
```

```
    fmt.Printf("%dの2倍は%d¥n", n, Twice(n))
}
```

　これをメソッドにして、扱っている数値と関連付けるためには、あらかじめ独自の型を定義する必要があります（int型のような非ローカルな型に対してメソッドを定義することはできません）。

```
// Value 型の定義
type Value int
```

　そして、メソッドとして次のように定義します。

```
// Twice - 値を2倍にするメソッド
func (v Value) Twice() Value {
    return v * 2
}
```

　funcの後の(v Value)のvはレシーバー変数といいます。また、このメソッドには、先ほどの関数Twice(n int)とは異なり、引数がない点にも注目してください。これは、メソッドに関連付けられている値そのものを2倍にするので、値を引数として渡す必要がないからです。

　メソッドを呼び出すときには、レシーバーとなる変数の後に「.」（ピリオド）を書き、その後にメソッド名を書きます。

```
m = n.Twice()
```

　これでnの値を2倍した値が変数mに保存されます。このように、Go言語のメソッドは、値nに対してTwice()を作用させます。

　実行できるプログラムとしてまとめると次のようになります。

リスト7.1●val.go

```
// val.go
package main

import "fmt"
```

```
// Value 型の定義
type Value int

// Twice - 値を2倍にするメソッド
func (v Value) Twice() Value {
    return v * 2
}

func main() {
    var n, m Value

    n = 1
    m = n.Twice()

    fmt.Printf("%dの2倍は%d¥n", n, m)
    fmt.Printf("%dの2倍は%d¥n", m, m.Twice())
}
```

◆ 引数のあるメソッド

　最初に示したメソッドは、単純でメソッドの特性を説明するのに適した例でしたが、関数が形を変えただけで、たいして利点があるようには見えないかもしれません。そこで、次にもう少し複雑なメソッドを紹介します。

　次に説明するのは、2点間の距離を求めるメソッド Distance() です。

　2つの点がp と q である場合に2点間の距離を求める方法は、次の通りです。

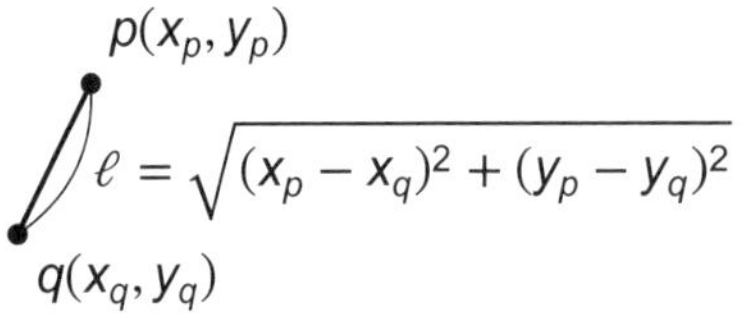

$$p(x_p, y_p)$$

$$\ell = \sqrt{(x_p - x_q)^2 + (y_p - y_q)^2}$$

$$q(x_q, y_q)$$

図7.1●2点間の距離を求める方法

　最初に1つの点の座標を表現する構造体 Point を定義します。

```
type Point struct{ X, Y int }
```

ここでは整数で定義してみました（実数で定義することは読者の課題です）。

2点間の距離を求めるメソッド Distance は次のように定義します。

```
func (p Point) Distance(q Point) int {
    d := math.Sqrt(float64((p.X-q.X)*(p.X-q.X))
                 + float64((p.Y-q.Y)*(p.Y-q.Y)))
    return int(d)
}
```

math.Hypot() を使うともっと単純なコードになりますが、ここでは図で示した距離の求め方をそのまま式にしています。

レシーバーは一方の点 p（p Point）であり、もう一方の点 q（q Point）は引数としてメソッドに渡します。

このメソッドは次のように呼び出します。

```
p1 := Point{5, 5}
p2 := Point{8, 9}

p1.Distance(p2)     // p1とp2の距離
```

メソッドを一方の点 p1 に関連するものとして扱い、p2 に対する距離を求めていることに注目してください。

p1 と p2 を入れ替えて逆に求めることもでき、結果は同じです。

```
p2.Distance(p1)     // p2とq1の距離
```

実行できるプログラムとしてまとめると次のようになります。

リスト7.2●dist.go

```
// dist.go
package main

import (
```

```
        "fmt"
        "math"
)

// Point 型の定義
type Point struct{ X, Y int }

// Distance - 2点間の距離を求めるメソッド
func (p Point) Distance(q Point) int {
    d := math.Sqrt(float64((p.X-q.X)*(p.X-q.X))
                + float64((p.Y-q.Y)*(p.Y-q.Y)))
    return int(d)
}

func main() {
    p1 := Point{5, 5}
    p2 := Point{8, 9}

    fmt.Printf("%vと%vの距離は%d¥n", p1, p2, p1.Distance(p2))
}
```

 math.Hypot() を使うと次のようなメソッドとして作成することができます。

```
// Distance - 2点間の距離を求めるメソッド
func (p Point) Distance(q Point) int {
    d := math.Hypot(float64(p.X-q.X), float64(p.Y-q.Y))
    return int(d)
}
```

7.2　インターフェース

ここでは Go 言語のインターフェースについて説明します。

◆ インターフェース

インターフェースとは、インターフェースを介してインターフェースと一致する複数の異なるメソッドを同じ方法で呼び出せるようにするものです。言い換えると、複数の同じ名前の関数を一貫して利用できるようにするために窓口になるものであるともいえます。

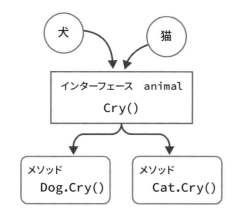

図7.2●インターフェース

インターフェースはメソッドの宣言だけを定義します。インターフェースを使うメソッドはインターフェースの宣言と同じ形式で定義します。

その他に、インターフェースの内容を定義しないで、あらゆる型を受け入れるものとしてインターフェースを使うこともできます。内容を定義しないインターフェースについては「interface{} 型」で説明します。

◆ インターフェースを使わないプログラム ⋯⋯⋯⋯⋯⋯⋯⋯⋯⋯⋯ ◆

ここでは、まず犬と猫を表す構造体を作成します。そして、それぞれに「吠える」（あるいは鳴く）というメソッド Cry() を定義してみましょう。

```go
// Dog - 犬の構造体
type Dog struct{}

// Cry - 犬が吠える
func (d *Dog) Cry() {
    fmt.Println("わんわん")
}

// Cat - 猫の構造体
type Cat struct{}

// Cry - 猫が鳴く
func (c *Cat) Cry() {
    fmt.Println("にゃーご")
}
```

この犬や猫を作成して鳴かせるには次のようにする必要があります。

```go
func main() {
    // 犬と猫を作る
    dog := new(Dog)
    cat := new(Cat)
    // 犬と猫が鳴く
    dog.Cry()
    cat.Cry()
}
```

この場合、犬と猫をそれぞれ区別して鳴かせる必要があります。

実行できるプログラムとしてまとめると次のようになります。

リスト7.3●dogcat.go

```go
// dogcat.go
package main
```

```go
import "fmt"

// Dog - 犬の構造体
type Dog struct{}

// Cry - 犬が吠える
func (d *Dog) Cry() {
    fmt.Println("わんわん")
}

// Cat - 猫の構造体
type Cat struct{}

// Cry - 猫が鳴く
func (c *Cat) Cry() {
    fmt.Println("にゃーご")
}

func main() {
    // 犬と猫を作る
    dog := new(Dog)
    cat := new(Cat)
    // 犬と猫が鳴く
    dog.Cry()
    cat.Cry()
}
```

◆ インターフェースを使うプログラム ···◆

　インターフェースを利用すると、犬と猫を「動物」というカテゴリにまとめて、犬猫の区別なく鳴かせることができます。

　インターフェース型はメソッドの宣言だけを定義したものです。メソッドには実行するプログラムコードは記述しません。

```
type type interface {
    name (args, ...) (rets, ...)
      ⋮
}
```

ここで、type は型の名前、name はメソッドの名前、args は引数の型、rets は返り値の型です。

ここでは、Animal という名前の動物のインターフェースを定義します。このインターフェースは、吠える（鳴く）という機能を備えるべき Cry() というメソッドを持つものとします。

```
type Animal interface {
    Cry()
}
```

インターフェースの役割は、実装すべきメソッドを指定することです。この場合、Animal というインターフェースを満足させるもの（値）には、必ず Cry() を実装しなければなりません。

この犬や猫を作成して鳴かせるための犬猫の作り方は同じです。

```
dog := new(Dog)
cat := new(Cat)
```

犬と猫をスライスにまとめて作成してまとめて鳴かせるためには、次のようにインターフェースを介することで鳴かせることができます。

```
// 犬と猫のスライスを作る
animals := [...]Animal{dog, cat}
// 犬と猫が鳴く
for _, a := range animals {
    a.Cry()
}
```

インターフェースを使うと、上に示したように「a.Cry()」という形式で犬猫の区別

なく鳴かせることができる点に注目してください。

　動物が「吠える」（あるいは強く鳴く）というインターフェースを定義して利用するプログラムは全体で次のようになります。

リスト7.4●animal.go

```go
// animal.go
package main

import "fmt"

// Animal - 動物のインターフェース
type Animal interface {
    Cry()
}

// Dog - 犬の構造体
type Dog struct{}

// Cry - 犬が吠える
func (d *Dog) Cry() {
    fmt.Println("わんわん")
}

// Cat - 猫の構造体
type Cat struct{}

// Cry - 猫が鳴く
func (c *Cat) Cry() {
    fmt.Println("にゃーご")
}

func main() {
    // 犬と猫を作る
    dog := new(Dog)
    cat := new(Cat)
    // 犬と猫が鳴く
    dog.Cry()
    cat.Cry()
```

```
        // 犬と猫のスライスを作る
        animals := [...]Animal{dog, cat}
        // 犬と猫が鳴く
        for _, a := range animals {
            a.Cry()
        }
    }
```

さらに、次のように Animal を引数として動物が鳴く関数 Cry() を定義して、犬と猫が鳴くメソッドを適宜呼び出すようにすることもできます。

```
// Cry - 動物がなく
func Cry(a Animal) {
    a.Cry()
}
```

これが可能なのは、犬（Dog）と猫（Cat）が Animal インターフェースを満足するように定義しているからです。

プログラム全体を次に示します。

リスト7.5●animal2.go

```
// animal2.go
package main

import "fmt"

// Animal - 動物のインターフェース
type Animal interface {
    Cry()
}

// Dog - 犬の構造体
type Dog struct{}

// Cry - 犬が吠える
func (d *Dog) Cry() {
    fmt.Println("わんわん")
```

```
}

// Cat - 猫の構造体
type Cat struct{}

// Cry - 猫が鳴く
func (c *Cat) Cry() {
    fmt.Println("にゃーご")
}

// Cry - 動物がなく
func Cry(a Animal) {
    a.Cry()
}

func main() {
    // 犬と猫を作る
    dog := new(Dog)
    cat := new(Cat)
    // 犬と猫が鳴く
    Cry(dog)
    Cry(cat)
}
```

◆ interface{} 型

interface{} 型は、値に何の条件もないインターフェースです。

前の例では、Animal というインターフェースを満足させるには、必ず Cry() を実装しなければなりませんでした。しかし、interface{} 型は実装しなければならないものがないので、どのような値でもこのインターフェースを満足します。

たとえば、次のような関数を定義したとします。

```
func Cry(any interface{}) {
    any.Cry()
}
```

この関数は実際には次のようなメッセージが出力されてコンパイルできません。

```
any.Cry undefined (type interface {} is interface with no methods)
```

たとえば、次のように Book という名前の本の構造体を定義したとします。

```
type Book struct{}
```

any interface{} は「何でもよい」ので、本を作って Cry() を呼び出すこともできそうです。

```
// 本を作る
book := new(Book)
Cry(book)
```

しかし、本は鳴かないので先ほどの関数 Cry() を呼び出すことはできません。

```
func Cry(any interface{}) {
    any.Cry()
}
```

そこで、any がインターフェース Animal を満足する場合だけ、Animal.Cry() を呼び出すようにする必要があります。そのためには、型アサーションと呼ぶ「any.(Animal)」を使います。

```
// Cry - なんでも鳴くものはなくし鳴かない者は鳴かない
func Cry(any interface{}) {
    a, ok := any.(Animal) // Animalであるか調べる
    if !ok {
        fmt.Println("鳴かないよ。")
        return
    }
    a.Cry()
}
```

any.(Animal) は、any が Animal を満足するものである場合（Dog か Cat の場合）

には a に Animal を満足する値のポインター（*main.Dog または *main.Cat 型の値）を返し、ok には true を返します。any が Animal を満足しない場合（Book の場合）には a に nil ポインターを返し、ok には false を返します。

この場合、ok が true でなかったら「鳴かないよ」と出力してリターンします。

これでどのような値でも受け取るけれど、値が Animal を満足していない場合には鳴かない関数になりました。

実行できるプログラム全体を次に示します。

リスト7.6●animal3.go

```go
// animal3.go
package main

import "fmt"

// Animal - 動物のインターフェース
type Animal interface {
    Cry()
}

// Dog - 犬の構造体
type Dog struct{}

// Cry - 犬が吠える
func (d *Dog) Cry() {
    fmt.Println("わんわん")
}

// Cat - 猫の構造体
type Cat struct{}

// Cry - 猫が鳴く
func (c *Cat) Cry() {
    fmt.Println("にゃーご")
}

// Book - 本の構造体
type Book struct{}
```

```go
// Cry - なんでも鳴くものはなくし鳴かない者は鳴かない
func Cry(any interface{}) {
    a, ok := any.(Animal) // Animalであるか調べる
    if !ok {
        fmt.Println("鳴かないよ。")
        return
    }
    a.Cry()
}

func main() {
    // 犬と猫を作る
    dog := new(Dog)
    cat := new(Cat)
    // 犬と猫が鳴く
    Cry(dog)
    Cry(cat)
    // 本を作る
    book := new(Book)
    Cry(book)  // 本は鳴かない
}
```

◆ 任意の型を受け取る関数

　関数の引数を interface{} 型にすることで、任意の型の値を受け取ることができる関数を定義することができます。次の例は任意の型の値を1つ受け取る関数です。

```go
func name(a interface{}) {
    // 受け取った値で何かする
}
```

　たとえば、次のようにすると引数の型が int である場合だけ 10 進数と 16 進数で出力し、それ以外の型の場合は値を Go 言語のデフォルトの形式で出力する関数を定義することができます。

```
// Print - 整数なら10進数と16進数で出力する関数
func Print(a interface{}) {
    v, ok := a.(int) // intであるか調べる
    if ok {
        fmt.Printf("10進数で%d 16進数で%x\n", v, v)
    } else {
        fmt.Println(a)
    }
}
```

実行可能なプログラム全体は次のようになります。

リスト7.7●interint.go

```
// interint.go
package main

import (
    "fmt"
)

// Print - 整数なら10進数と16進数で出力する関数
func Print(a interface{}) {
    v, ok := a.(int) // intであるか調べる
    if ok {
        fmt.Printf("10進数で%d 16進数で%x\n", v, v)
    } else {
        fmt.Println(a)
    }
}

func main() {
    Print(32)
    Print("Hello World")
    Print(123.45)
}
```

Note　fmt.Println() のような関数は、どのような型の値でもいくつでも受け取るので、引数に interface{} を使って次のように定義されています。

```
func Println(a ...interface{}) (n int, err error)
```

■ 練習問題 ■

7.1　2点間の距離を実数で計算して返すメソッド Distance() を作成してください。

7.2　文字列の後に空白をはさんで別の文字列をつなげるメソッド StrCat() を作成して、"I"、"am"、"a"、"Dog" のような一連の語を接続して「I am a Dog」という文字列を作るプログラムを作ってください。

7.3　円と矩形（長方形）の構造体と面積を求めるメソッドを作り、それらを共通して呼び出せるインターフェースを持つプログラムを作ってください。

第8章

並列実行

ここでは、複数の関数を同時に実行する方法について説明します。

8.1　ゴルーチン

　Go 言語ではゴルーチンと呼ぶ機能を使って複数の関数を同時に実行することができます。

◆ 並列処理 ‥‥‥‥‥‥‥‥‥‥‥‥‥‥‥‥‥‥‥‥‥‥‥‥‥‥‥‥‥‥◆

　現代の主要な OS には、複数のスレッドを同時に実行する機能が備わっています。また Go 言語には 1 つのスレッドで複数のコードを切り替えて実行するメカニズムも備わっています。そのため、同時に複数のことを行うことができます。

　現実には、（特に複数の CPU コアを備えているような場合には）複数のコードが同時に実行されることがありますが、実行されようとしているコードの数が実行可能なコアの数より多い場合には、複数のコードが切り換えられて実行されて「見かけ上」同時に実行されているかのように見えることもあります。しかし、いずれにしても、その詳細は OS と Go 言語のランタイムに任せることになります。そして、特定の場合（データを共有するような場合や処理の順序が決まっている場合など）を除いて、背後で実際にコードが実行されている状況の詳細をプログラマーは特に考える必要はありません。

　単に次に説明するゴルーチンを使って関数を実行するだけで複数のコードを同時に実行することができます。

◆ ゴルーチン ‥‥‥‥‥‥‥‥‥‥‥‥‥‥‥‥‥‥‥‥‥‥‥‥‥‥‥‥‥◆

　並列実行したい関数は、go を前に付けて呼び出すだけでゴルーチンにすることができます。

```
go function()
```

　ゴルーチンを呼び出す側はゴルーチンが終了するのを待ちません。

　ここでは、最初に、一度に文字列（厳密には文字）を 1 個出力することを 10 回繰り

返す関数 printjob() を定義します。

```go
func printjob(s string) {
    for i := 0; i < 10; i++ {
        time.Sleep(10 * time.Millisecond)
        fmt.Printf("%s", s)
    }
}
```

time.Sleep() は指定した時間だけ待ちます（スリープします）。time.Sleep(10 * time.Millisecond) は 10 ミリ秒待ちます。これをここに入れないと他のルーチンが実行する機会が与えられない可能性があります。

この関数を、出力する文字だけを変えてゴルーチンとして 3 回実行します。ゴルーチンにするには go の後に実行する関数を書くだけです。

```go
func main() {
    fmt.Println("A start")
    go printjob("A")

    fmt.Println("B start")
    go printjob("B")

    fmt.Println("C start")
    go printjob("C")

    time.Sleep(1 * time.Second)

    fmt.Printf("\n終了\n")
}
```

最後のほうの time.Sleep(1 * time.Second) は、1 秒間待ちます。これでプログラムが終了するのを 1 秒待つことになります。これを入れないとゴルーチンが実行しているのにプログラムそのものが終了してしまいます（go printjob("X") が実行を完了しないうちにプログラムが終了してしまいます）。

実行できるプログラム全体は次のようになります。

リスト8.1●goroutine.go

```go
// goroutine.go
package main

import (
    "fmt"
    "time"
)

func printjob(s string) {
    for i := 0; i < 10; i++ {
        time.Sleep(10 * time.Millisecond)
        fmt.Printf("%s", s)
    }
}

func main() {
    fmt.Println("A start")
    go printjob("A")

    fmt.Println("B start")
    go printjob("B")

    fmt.Println("C start")
    go printjob("C")

    time.Sleep(1 * time.Second)

    fmt.Printf("\n終了\n")
}
```

　このプログラムを実行すると次のように出力されます（実際の出力はシステムの状況によって変わります）。

```
A start
B start
```

```
C start
ABCABCABCABCABCACBABCABCACBACB
終了
```

この場合、出力が「ABCABCABCABCABCACBABCABCACBACB」になっている点に注目してください。途中までは ABC の順で文字が出力されていますが、途中で ACB になっていることがわかります。つまり、ゴルーチンの実行順序は実行時の状況によって変わり、特定のルーチンが実行されるタイミングは予測できません。

> システムの状況によっては最後まで ABC の順で文字が出力され続けることもあります。その場合はシステムの状況を変えたり（他のプロセスを実行するなどして CPU の使用率を高めるなどする）、for ループの繰り返し回数を増やして出力を増やしてみてください。

◆ ウェイト

前のプログラムで、3 個のゴルーチンが終了するタイミングは正確には予測できません。プログラムが終了するのを 1 秒待つことにしましたが、通常は実際にはそれより早く 3 個のゴルーチンが終了して、無駄に終了を待つことになります。

そこで、ウェイトグループ（WaitGroup）というものを使って、3 個のゴルーチンが終了するまで待つようにしてみます。

まず、sync.WaitGroup の値を保存する変数を宣言します。

```
var wg sync.WaitGroup
```

そして、wg.Add() を使って終了を待つゴルーチンの数を 3 に設定します。

```
wg.Add(3)    // 待つジョブを3にする
```

ゴルーチンとして実行する関数では、その関数のコードがすべて実行され終わったら wg.Done() を実行するようにします。wg.Done() を実行すると終了を待つゴルーチンの数がデクリメントされます。

```go
func printjob(s string) {
    defer wg.Done()
    for i := 0; i < 10; i++ {
        time.Sleep(10 * time.Millisecond)
        fmt.Printf("%s", s)
    }
}
```

deferは、この関数のコードがすべて実行されてから実行する（遅延実行する）ようにするためのキーワードです。

プログラムの最後でwg.Wait()を実行すると、すべてのジョブが終わるまで待つことができます。

```go
func main() {
    wg.Add(3)    // 待つジョブを3にする

    // 文字を出力するジョブを実行する
    go printjob("A")
    go printjob("B")
    go printjob("C")

    wg.Wait()    // すべてのジョブが終わるまで待つ
}
```

実行できるプログラム全体は次のようになります。

リスト8.2●gosample.go

```go
// gosample.go
package main

import (
    "fmt"
    "sync"
    "time"
)

var wg sync.WaitGroup
```

```
func printjob(s string) {
    defer wg.Done()
    for i := 0; i < 10; i++ {
        time.Sleep(10 * time.Millisecond)
        fmt.Printf("%s", s)
    }
}

func main() {
    wg.Add(3)

    fmt.Println("A start")
    go printjob("A")

    fmt.Println("B start")
    go printjob("B")

    fmt.Println("C start")
    go printjob("C")

    wg.Wait()

    fmt.Printf("\n終了\n")
}
```

◆ 無名関数

　ゴルーチンとして呼び出す関数は、独立した関数として定義しなければならないということはありません。関数を呼び出すコードに名前のない関数として記述して呼び出すようにすることもできます。このような名前のない関数を無名関数といいます。

　無名関数は次の形式で定義します。

```
go func() {
    // 関数の内容
}()
```

関数定義の最後の () を忘れないようにしてください。

次の例は前のサンプルの関数printjob()を無名関数にしてゴルーチンとして呼び出すようにした例です。

```
go func() {
    wg.Add(1)
    for i := 0; i < 10; i++ {
        time.Sleep(10 * time.Millisecond)
        fmt.Printf("%c", ch)
    }
    defer wg.Done()
}()
```

実行できるプログラム全体は次のようになります。

リスト8.3●gofunc.go

```
// gofunc.go
package main

import (
    "fmt"
    "sync"
    "time"
)

func main() {
    var wg sync.WaitGroup

    for _, c := range "ABC" {
        ch := c
        fmt.Printf("%c start¥n", c)
        go func() {
            wg.Add(1)
            for i := 0; i < 10; i++ {
                time.Sleep(10 * time.Millisecond)
                fmt.Printf("%c", ch)
            }
            defer wg.Done()
        }()
```

```
    }

    wg.Wait()

    fmt.Printf("\n終了\n")
}
```

8.2　ゴルーチン間の通信

　ここでは、並列で実行されているルーチン間で情報を受け渡すチャンネルについて説明します。

◆ チャンネル

　チャンネルは同時に実行されているゴルーチン間や、メインルーチンとゴルーチンとの間で、特定の型の値を受け渡す通信機構を提供します。

　たとえば、bool値を受け渡したいとします。まず、次のように関数make()を使ってチャンネルを作成します。

```
ch := make(chan bool)
```

　これで作成されるチャンネルは同期するチャンネルです（データが送られるのを待ちます）。

　チャンネルに情報を送るためには「<-」を使います。次の例は、bool型のチャンネルにtrueを送る例です。

```
ch <- true
```

　チャンネルから情報を受け取るときにも「<-」を使います。次の例はチャンネルから
受け取った値を変数 x に保存する例です。

```
x <-ch
```

　受け取った値を使う必要がなく、単に「チャンネルから情報を受け取った」という事
実だけを知りたいときには、次のようにします。

```
<-ch
```

　チャンネルから正しく情報を受け取ったかどうかは、第 2 の変数（慣例として ok と
いう名前にする）に次のように保存して判定します。

```
x, ok := <-ch
```

　いずれにしても、これらのコードはチャンネルから情報を受け取るまで待ちます。
　たとえば、ゴルーチンで "+" を出力しながらメインルーチンで "/" を出力して、すべ
てが出力し終わったら終了したいときには、次のようにします。

```
// チャンネルを作る
done := make(chan bool)

// ゴルーチンで"+"を出力する
go func() {
    // 10個の"+"を出力する
    done <- true // 終わったらtrueを送る
}()

// メインルーチンで"/"を出力する

<-done // trueが送られるのを待って受け取る
```

　実行できるプログラム全体は次のようになります。

リスト8.4●chan.go

```
// chan.go
package main
```

```go
import (
    "fmt"
    "time"
)

func main() {
    // チャンネルを作る
    done := make(chan bool)

    // ゴルーチンで"+"を出力する
    go func() {
        for i := 0; i < 10; i++ {
            time.Sleep(10 * time.Millisecond)
            fmt.Printf("+")
        }
        done <- true // 終わったらtrueを送る
    }()

    // メインルーチンで"/"を出力する
    for i := 0; i < 10; i++ {
        time.Sleep(10 * time.Millisecond)
        fmt.Printf("/")
    }

    <-done // trueが送られるのを待って受け取る

    fmt.Printf("\n終了\n")
}
```

Note

チャンネル ch に以降値が送信されないようにしたいときには、組み込み関数 close(ch) を使います。上のサンプルプログラムでは、チャンネルに値が送られたらプログラムが終了するので close() を省略しています。

◆ select 文 ◆

select 文でチャンネルの送受に応じて処理を切り替えることができます。

case 文は受信にも送信にも使います。<-channel は受信、channel<- は送信です。

```
select {
case v1 = <-ch1:
    // ch1から受け取ったv1に保存された値を使う。
case ch2 <- v2:
    // ch2に値v2を送信する。
default:
    // 通信がない状態
}
```

たとえば、ch1 で rune を送るゴルーチンと ch2 で int を送るゴルーチンからデータを受け取るものとします。そのときに select … case 文で次のように受け取ったチャンネルに応じて処理を切り替えることができます。

```
// チャンネルを作る
ch1 := make(chan rune)
ch2 := make(chan int)
done := make(chan bool)

// メインルーチンで受け取ったデータを出力する
for {
    select {
    case r := <-ch1:
        fmt.Printf("ch1から受信：%c\n", r)
    case n := <-ch2:
        fmt.Printf("ch2から受信：%d\n", n)
    case <-done:
        // trueが送られたら終了
        return
    }
}
```

select 文を使った実行可能なプログラム全体は次の通りです。

リスト8.5●selchan.go

```go
// selchan.go
package main

import (
    "fmt"
    "time"
)

func main() {
    // チャンネルを作る
    ch1 := make(chan rune)
    ch2 := make(chan int)
    done := make(chan bool)

    // ゴルーチンで文字を送る
    go func() {
        s := "ABCDEFG"
        for _, c := range s {
            time.Sleep(10 * time.Millisecond)
            fmt.Printf("ch1から送信:%c¥n", c)
            ch1 <- c
        }
        done <- true // 終わったらtrueを送る
    }()

    // ゴルーチンで数値を送る
    go func() {
        for i := 0; i < 8; i++ {
            time.Sleep(8 * time.Millisecond)
            fmt.Printf("ch2から送信:%d¥n", i)
            ch2 <- i + 1
        }
        done <- true // 終わったらtrueを送る
    }()

    defer fmt.Println("終了")
    count := 0
    // メインルーチンで受け取ったデータを出力する
    for {
```

```
        select {
        case r := <-ch1:
            fmt.Printf("ch1から受信：%c¥n", r)
        case n := <-ch2:
            fmt.Printf("ch2から受信：%d¥n", n)
        case <-done: // trueが2個送られたら終了
            count++
            if count > 1 {
                return
            }
        }
    }
}
```

実行結果は、たとえば次のようになります（結果はシステムの状況によって結果は変わります）。

```
C:¥golang¥ch08¥selchan>selchan.exe
ch2から送信:0
ch2から受信：1
ch1から送信:A
ch1から受信：A
ch2から送信:1
      ⋮
ch1から送信:F
ch1から受信：F
ch2から送信:7
ch2から受信：8
ch1から送信:G
ch1から受信：G
終了
```

◆ バッファー付きチャンネル ....◆

最初の例は 1 個の情報を送受しましたが、バッファー付きチャンネルを使えば複数の情報を受け取ったり送ることができます。バッファー付きチャンネルを作成するには関数 make() の第 2 の引数にバッファーの大きさを指定します。たとえば、3 個の情報を受け取りたいときには、次のようにします。

```
//  バッファーの容量が3のチャンネルを作る
done := make(chan bool, 3)
```

これで作成されるチャンネルは非同期のチャンネルです（データが送られるのを待ちません）。

バッファー付きチャンネルを利用して 3 個のゴルーチンを実行し、"+"、"–"、"¥" を出力するプログラム全体は次のようになります（この例では 4 個目の "/" はゴルーチンではなくメインルーチンで出力します）。

リスト8.6●buffer.go

```go
// buffer.go
package main

import (
    "fmt"
    "time"
)

func main() {
    // チャンネルを作る
    done := make(chan bool, 3)

    // ゴルーチンで"+"を出力する
    go func() {
        for i := 0; i < 10; i++ {
            time.Sleep(10 * time.Millisecond)
            fmt.Printf("+")
        }
        done <- true // 終わったらtrueを送る
    }()
```

```go
    // ゴルーチンで"-"を出力する
    go func() {
        for i := 0; i < 10; i++ {
            time.Sleep(9 * time.Millisecond)
            fmt.Printf("-")
        }
        done <- true // 終わったらtrueを送る
    }()

    // ゴルーチンで"¥"を出力する
    go func() {
        for i := 0; i < 10; i++ {
            time.Sleep(8 * time.Millisecond)
            fmt.Printf("¥¥")
        }
        done <- true // 終わったらtrueを送る
    }()

    // メインルーチンで"/"を出力する
    for i := 0; i < 10; i++ {
        fmt.Printf("/")
        time.Sleep(5 * time.Millisecond)
    }

    for i := 0; i < 3; i++ {
        <-done // trueが送られるのを待って受け取る
    }
}
```

実行結果は、たとえば次のようになります（システムの状況によって結果は変わります）。

```
C:¥golang¥ch08¥buffer>buffer.exe
//¥-+/¥/-+/¥-/+¥/-/¥-/¥+/-¥+-¥+-¥+-¥+-+
```

8.3 排他制御

複数のゴルーチンが同じ変数にアクセスすると、意図しない方法で値が変更されてしまうことがあります。ここではそのような状況を防ぐ方法を説明します。

◆ 競合するプログラム

最初に、複数のゴルーチンが同じ変数にアクセスして、他のゴルーチンによって値が勝手に変更されてしまうために、予期しない結果になる例を示します。

次のような関数で変数 a の値をインクリメントしたりデクリメントするプログラムがあるものとします。

```go
// 値をインクリメントする関数
func jobplus() {
    defer wg.Done()
    for i := 0; i < 10; i++ {
        t := a
        a = a + 1
        time.Sleep(10 * time.Millisecond)
        fmt.Printf("plus %d->%d¥n", t, a)
    }
}

// 値をデクリメントする関数
func jobminus() {
    defer wg.Done()
    for i := 0; i < 10; i++ {
        t := a
        a = a - 1
        time.Sleep(11 * time.Millisecond)
        fmt.Printf("minus %d->%d¥n", t, a)
    }
}
```

関数 jobplus() は a の値をインクリメントして、インクリメントする前の値（変数 t の値）とインクリメントした後の値（変数 a の値を出力するときの値）を出力します。

```
fmt.Printf("plus %d->%d¥n", t, a)
```

　関数 jobplus() では、a の値をインクリメントしているので、結果は「minus 0->1」のように「->」の右側が必ず左側の値より大きくなるはずです。

　関数 jobminus() は a の値をデクリメントして、デクリメントする前の値（変数 t の値）とデクリメントした後の値（変数 a の値を出力するときの値）を出力します。

```
fmt.Printf("minus %d->%d¥n", t, a)
```

　関数 jobminus() では、a の値をデクリメントしているので、結果は「minus 0->-1」のように「->」の右側が必ず左側の値より小さくなるはずです。

> **Note**　このプログラムは単純なので問題なく動作する可能性があるため、time.Sleep() で時間がかかる処理を想定しています。

　このような関数をそれぞれゴルーチンとして実行する次のようなプログラムを作ったとします。

リスト8.7●norock.go

```go
// norock.go
package main

import (
    "fmt"
    "sync"
    "time"
)

var wg sync.WaitGroup
var a int

func jobplus() {
    defer wg.Done()
    for i := 0; i < 10; i++ {
        t := a
```

```
        a = a + 1
        time.Sleep(10 * time.Millisecond)
        fmt.Printf("plus %d->%d¥n", t, a)
    }
}

func jobminus() {
    defer wg.Done()
    for i := 0; i < 10; i++ {
        t := a
        a = a - 1
        time.Sleep(11 * time.Millisecond)
        fmt.Printf("minus %d->%d¥n", t, a)
    }
}

func main() {
    a = 10

    wg.Add(2)

    go jobplus()
    go jobminus()

    wg.Wait()
}
```

このプログラムを実行した例を示します（実行環境によって実行結果は変わります）。

```
C:¥golang¥ch08¥norock>norock.exe
plus 9->10
minus 10->11
plus 10->10
minus 11->11
plus 10->10
minus 11->11
plus 10->10
minus 11->11
```

```
plus 10->10
minus 11->11
plus 10->10
minus 11->11
plus 10->10
minus 11->11
plus 10->10
minus 11->11
plus 10->10
minus 11->11
plus 10->10
minus 11->10
```

　この場合、出力の2行目「minus 10->11」は明らかにおかしいです。「->」の前後はデクリメントした前と後の値なので「minus 10->9」にならなければなりません。出力の3行目「plus 10->10」も明らかにおかしいです。「->」の前後はインクリメントした前と後の値なので「plus 10->11」にならなければなりません。以降も同様です。

　これは1つのゴルーチンがaの値を変更して、それを出力するまでの間に、他のゴルーチンがaの値を変更しているからです。このような状態を競合状態といい、深刻なバグの原因となります。

◆ 排他制御プログラム ···◆

　競合状態を防ぐためには他のゴルーチンが意図しない機会に値を変更しないようにすればよいでしょう。そのためには、ミューテックスというものを使って、プログラムのある部分を実行中には他のゴルーチンが変数の値を変更しないようにすればよいのです。このような制御を排他制御といいます。

　排他制御するためには、まずミューテックスを作成します。

```
var mu sync.Mutex
```

　そして、mu.Lock() でロックして他のゴルーチンが関与しないようにし、値の変更と出力を行って、それが終わったら mu.Unlock() を呼び出してロックを解除します。

```
func jobplus() {
    defer wg.Done()
    for i := 0; i < 10; i++ {
        mu.Lock()                // ロックする
        t := a
        a = a + 1
        time.Sleep(10 * time.Millisecond)
        fmt.Printf("plus %d->%d¥n", t, a)
        mu.Unlock()             // ロックを解除する
    }
}
```

　このようにして、値が変更されては困る区間をミューテックスでロックするプログラムを次に示します。

リスト8.8●rockv.go

```
// rockv.go
package main

import (
    "fmt"
    "sync"
    "time"
)

var wg sync.WaitGroup
var a int
var mu sync.Mutex

func jobplus() {
    defer wg.Done()
    for i := 0; i < 10; i++ {
        mu.Lock()
        t := a
        a = a + 1
        time.Sleep(10 * time.Millisecond)
        fmt.Printf("plus %d->%d¥n", t, a)
        mu.Unlock()
    }
```

```
}

func jobminus() {
    defer wg.Done()
    for i := 0; i < 10; i++ {
        mu.Lock()
        t := a
        a = a - 1
        time.Sleep(11 * time.Millisecond)
        fmt.Printf("minus %d->%d\n", t, a)
        mu.Unlock()
    }
}

func main() {
    a = 10

    wg.Add(2)

    go jobplus()
    go jobminus()

    wg.Wait()
}
```

ミューテックスでロックして実行した例を示します。

```
C:\golang\ch08\rockv>rockv.exe
minus 10->9
minus 9->8
plus 8->9
minus 9->8
plus 8->9
minus 9->8
plus 8->9
minus 9->8
plus 8->9
minus 9->8
```

```
plus 8->9
minus 9->8
plus 8->9
minus 9->8
plus 8->9
minus 9->8
plus 8->9
minus 9->8
plus 8->9
plus 9->10
```

　この結果を見ると、plus のときには「->」の右側の値が左側の値よりも 1 だけ大きくなり、minus のときには 1 だけ小さくなっていて、プログラムが正しく動作していることがわかります。

■ 練習問題 ■ ═══════

8.1 2 個のゴルーチンを実行して、"+" と "-" をそれぞれ 20 個出力するプログラム
を作成してください。

8.2 約 1 秒ごとにシステムのベルを鳴らしながら、整数を受け取ってはその 2 乗の値
を出力するプログラムを作ってください。

8.3 メインルーチンで受け取った単語をゴルーチンですべて大文字に変換するプログ
ラムを作ってください。
次のような実行例になるようにします。

```
C:\golang\apdx\q8_3>q8_3.exe
単語を入力してください (終了は"quit")
hello
HELLO
dog
DOG
cat
CAT
quit
```

この練習問題の考え方は、文字列を大文字に変換するという単純な作業より大幅
に時間がかかる作業をバックグラウンドで行いたいときに特に有効です。

第9章

ファイル入出力

この章では、ファイルへの書き込みと読み出しについて説明します。ファイル入出力の方法は、他のデバイスやネットワークでの通信とも共通する部分があるのでよく理解することが重要です。

9.1 ファイル入出力

ファイルへの入出力の方法はいくつかあります。ここでは単にテキストをファイルに保存する方法を説明します。

◆ 単純な入出力 ◆

ファイルへの出力を行うには、os.Create() でファイルを作成し、os.Write() で書き込み、os.Close() でファイルを閉じます。

次の例は、「これはサンプルテキストです。」というテキストをファイルに書き込む例です。

```
// ファイルを開く
file, err = os.Create(fname)

// ファイルに書き込む
txt := "これはサンプルテキストです。"
file.Write(([]byte)(txt))

// ファイルを閉じる
file.Close()
```

これで UTF-8 のテキストファイルとして保存されます。

ファイルからの入力を行うには、os.Open() でファイルをオープンし、os.Read() で byte 配列へ読み込みます。このとき、読み込んだバイト数がゼロであったら、ファイルの終端に達したと判断します。

```
// ファイルを開く
file, err = os.Open(fname)

// ファイルを閉じる（遅延実行する）
defer file.Close()

// バッファーを作りファイルを読み込む
buf := make([]byte, BUFSIZE)
```

```
for {
    n, err := file.Read(buf)
    if n == 0 {   // 読み込んだバイト数がゼロ=ファイル終端に達した
        break
    }
}
```

この例では defer を使ってファイルを閉じる動作をプログラムの終了時に遅延実行するようにしています。

エラーへの対処も含めた実行できるプログラム全体を次に示します。

リスト9.1●readwrite.go

```go
// readwrite.go
package main

import (
    "fmt"
    "os"
)

func main() {
    fname := `sample.dat`
    var file *os.File
    var err error

    // ファイルへの書き込み
    file, err = os.Create(fname)
    if err != nil {
        _ = fmt.Errorf("%sを開けません。", fname)
    }
    txt := "これはサンプルテキストです。"
    file.Write(([]byte)(txt))
    // ファイルを閉じる
    file.Close()

    const BUFSIZE = 1024 // 読み込みバッファーのサイズ

    // ファイルからの読み込み
    file, err = os.Open(fname)
```

```
    if err != nil {
        _ = fmt.Errorf("%sを開けません", fname)
    }
    defer file.Close()

    buf := make([]byte, BUFSIZE)
    for {
        n, err := file.Read(buf)
        if n == 0 {
            break
        }
        if err != nil {
            _ = fmt.Errorf("%sの読み込みでエラーが発生しました。", fname)
            break
        }
        fmt.Print(string(buf[:n]))
    }
}
```

◆ バッファー付き IO

　バッファー付き IO を使ってテキストファイルを読み込むと、行単位での処理を簡単に実現することができます。そのためには、os.Open() でファイルを開き、bufio.NewScanner() でファイルを読み込みます。そして、Scanner.Text() で行単位でテキストを取り出します。

```
// ファイルを開く
file, err = os.Open(fname)

// ファイルを閉じる (遅延実行する)
defer file.Close()

// ファイルを読み込む
sc := bufio.NewScanner(file)
for sc.Scan() {        // データがある限り読み込み続ける
    // 読み込んだ各行を使う
    fmt.Println(sc.Text())
}
```

エラーへの対処も含めた実行できるプログラム全体を次に示します。

リスト9.2●bufferio.go

```go
// bufferio.go
package main

import (
    "bufio"
    "fmt"
    "os"
    "strconv"
)

func main() {
    fname := `../sample.dat`
    var file *os.File
    var err error

    // ファイルへの書き込み
    file, err = os.Create(fname)
    if err != nil {
        _ = fmt.Errorf("%sを開けません。", fname)
    }

    var txt string
    for i := 0; i < 5; i++ {
        txt = "これはサンプルテキスト" + strconv.Itoa(i+1) + "行目¥n"
        file.Write(([]byte)(txt))
    }
    // ファイルを閉じる
    file.Close()

    // ファイルからの読み込み
    file, err = os.Open(fname)
    if err != nil {
        _ = fmt.Errorf("%sを開けません", fname)
    }
    defer file.Close()
```

```
        sc := bufio.NewScanner(file)
        for sc.Scan() {
            if err := sc.Err(); err != nil {
                _ = fmt.Errorf("%sを読み込めません", fname)
                break
            }
            fmt.Println(sc.Text())
        }
    }
```

　バッファー付き IO では、バイト単位で読み書きしても、背後でバッファーが有効に使われるので、高速でアクセスすることができます。次の例は、Reader.ReadByte() と Writer.WriteByte() を使って 1 バイトずつ読み込んでは書き込むプログラムの例です。コピー元とコピー先のファイル名はコマンドラインから取得します。

```
// ファイルを開く
ifile, ierr := os.Open(os.Args[1])
ofile, oerr := os.Create(os.Args[2])

// ReaderとWriterを作る
r := bufio.NewReader(ifile)
w := bufio.NewWriter(ofile)

// ファイルをコピーする
for {
    c, err := r.ReadByte()  // 1バイト読み込む
    if err != nil {         // EOFになったらエラーになる
        break
    }
    oerr := w.WriteByte(c) // 1バイト書き込む
}
```

　エラーへの対処も含めた実行できるプログラム全体を次に示します。

リスト9.3●fcopy.go

```go
// fcopy.go
package main

import (
    "bufio"
    "fmt"
    "os"
)

func main() {
    if len(os.Args) < 3 {
        fmt.Println("引数を2個指定してください。")
        os.Exit(1)
    }

    // ファイルを開く
    ifile, ierr := os.Open(os.Args[1])
    if ierr != nil {
        _ = fmt.Errorf("%sを開けません。", os.Args[1])
    }
    ofile, oerr := os.Create(os.Args[2])
    if oerr != nil {
        _ = fmt.Errorf("%sを開けません。", os.Args[2])
    }

    // ReaderとWriterを作る
    r := bufio.NewReader(ifile)
    w := bufio.NewWriter(ofile)

    // ファイルをコピーする
    for {
        c, err := r.ReadByte()
        if err != nil {
            break
        }
        oerr := w.WriteByte(c)
        if oerr != nil {
            fmt.Println(oerr)
            break
```

```
        }
    }
    err := w.Flush()
    if err != nil {
        fmt.Println(oerr)
    }
}
```

　このプログラムを実行するときには、コマンドプロンプトに対してたとえば次のようなコマンドラインで実行します。

```
fcopy source.jpg dest.jpg
```

　これで source.jpg の内容がコピーされて dest.jpg が生成されます。

9.2　書式付きファイル入出力

　ここでは書式付きで入出力する方法を説明します。

◆ fmt.Fprintf() ···◆

　関数 fmt.Fprintf() を使って書式付きでファイルに出力することができます。書式は基本的に 3.1 節「コンソール出力」の「書式指定文字列」で説明したものと同じです。
　まず、os.OpenFile() でファイルを開きます。

```
file, err := os.OpenFile(fname, os.O_RDWR|os.O_CREATE, 0666)
```

　os.OpenFile() の最初の引数は開くファイル名です。2 番目の引数の os.O_RDWR はファイルを読み書きモードで開き、os.O_CREATE はファイルが存在しなければ新規作

成することを表します。モードの値として指定できる値を表9.1に示します。

表9.1●モードの値

値	意味
O_RDONLY	読み込み専用
O_WRONLY	書き込み専用
O_RDWR	読み書き可能
O_CREATE	ファイルがなければ新規作成
O_TRUNC	ファイル内容を削除
O_APPEND	ファイル後端に追加で書き込み
O_EXCL	O_CREATEと共に使いファイルが存在すればエラーにする
O_SYNC	入出力が同期されたファイル

　os.OpenFile()の最後の引数の0666はUnixのパーミッションビット（アクセスが可能かどうかを表すビット）です。

　これは最初の0の次の数字がファイル所有者の権利を表し、次の数字がグループに所属するユーザーの権利を表し、最後の数字がグループに所属しないユーザーの権利を表します。

　この数字は、読む権利がある場合は4を、書く権利がある場合は2、実行する権利がある場合は1とし、その和で表現します。たとえば、ファイル所有者が読み書きできる場合は4 + 2 = 6なので、この値は0600になります。0666は、ファイル所有者、グループに所属するユーザー、グループに所属しないユーザーのすべてが読み書き可能であることを表します。

　ファイルに書き込むにはfmt.Fprintf()を使います。この時の書式は3.1節の表3.1に示した文字を使って指定します。

```
fmt.Fprintf(file, "%03d %s¥n", i+1, w)
```

　書き込み終わったらファイルを閉じます。

```
file.Close()
```

エラーへの対処も含めた実行できるプログラム全体を次に示します。

リスト9.4●fprnt.go

```go
// fprnt.go
package main

import (
    "fmt"
    "io/ioutil"
    "log"
    "os"
)

func main() {
    fname := "sample.dat"
    words := [...]string{"Dog", "Cat", "Pig", "Deer", "Raccoons"}

    // ファイルを開く
    file, err := os.OpenFile(fname, os.O_RDWR|os.O_CREATE, 0666)
    if err != nil {
        log.Fatal(err)
    }

    // ファイルに書き込む
    for i, w := range words {
        fmt.Fprintf(file, "%03d %s¥n", i+1, w)
    }

    // ファイルを閉じる
    file.Close()

    // ファイルを読み込む
    txt, rerr := ioutil.ReadFile(fname)
    if rerr != nil {
        log.Fatal(err)
    }
    fmt.Println(string(txt))
}
```

fmt.Fprintf() の最初の引数である file には、os の出力デバイスを指定すること
ができます。

os の出力デバイスには表 9.2 に示すようなものがあります。

表9.2●osの出力デバイス

デバイス	解説
os.Stdout	標準出力
os.Stderr	標準エラー出力

たとえば、次のコードは標準出力（特に指定しなければコンソール）に出力します。

```
fmt.Fprintf(file, "%03d %s¥n", i+1, w)
```

Note

fmt.Printf(format, v1, v2, v3 ...) を使った出力は次の出力と同じです。

```
fmt.Fprintf(os.Stdout, format, v1, v2, v3 ...)
```

つまり、次の 2 つのコードの出力は同じ結果になります。

```
fmt.Fprintf(os.Stdout, "%d %5.2f %c¥n", x, v, c)
fmt.Printf("%d %5.2f %c¥n", x, v, c)
```

◆ fmt.Fscanf() ◆

コンソールからの書式付きの入力には fmt.Scanf() を使いましたが、ファイルから
の書式付きの入力には fmt.Fscanf() を使うことができます。

最初に os.OpenFile() を使ってファイルを開きます。

```
ifile, ierr := os.OpenFile(fname, os.O_RDONLY, 0444)
```

この場合、読み込むだけなのでファイルを開くモードは os.O_RDONLY だけで構いま
せん。

そして、fmt.Fscanf() を使ってファイルから読み込みます。読み込むデータの書式
は書式指定文字を使って記述します。次の例の書式指定文字列 "%d %s" は、最初の値が

整数で、空白に続けて文字列を読み込むことを意味します。

```
n, err := fmt.Fscanf(ifile, "%d %s", &v, &str)
```

　変数 n には読み込んだ値の個数が保存されます。上のコード例では、意図したとおり
に正常に読み込まれたら n は 2 になります。そして、n にゼロが返されたら読み込むデー
タが他にはない状態（読み込み終了の状態）であると判断できます。

　読み込みが終わったらファイルを閉じます。

```
file.Close()
```

　エラーへの対処も含めた実行できるプログラム全体を次に示します。

リスト9.5●fscan.go

```go
// fscan.go
package main

import (
    "fmt"
    "log"
    "os"
)

func main() {
    fname := "sample.dat"
    words := [...]string{"Dog", "Cat", "Pig", "Deer", "Raccoons"}

    // ファイルを開く
    ofile, oerr := os.OpenFile(fname, os.O_RDWR|os.O_CREATE, 0666)
    if oerr != nil {
        log.Fatal(oerr)
    }

    // ファイルに書き込む
    for i, w := range words {
        fmt.Fprintf(ofile, "%03d %s¥n", i+1, w)
    }
```

```
        // ファイルを閉じる
        ofile.Close()

        // ファイルを開く
        ifile, ierr := os.OpenFile(fname, os.O_RDONLY, 0444)
        if ierr != nil {
            log.Fatal(ierr)
        }

        // ファイルから読み込む
        var v int
        var str string
        for {
            n, err :- fmL.Fscanf(ifile, "%d %s", &v, &str)
            if n == 0 || err != nil {
                break
            } else {
                fmt.Printf("%03d %s¥n", v, str)
            }
        }

        // ファイルを閉じる
        ifile.Close()
}
```

fmt.Fscanf() の最初の引数である file には、os の入力デバイスである os.Stdin を指定することができます。

たとえば、次のコードは標準入力（特に指定しなければキーボード）から入力します。

```
n, err := fmt.Fscanf(os.Stdin, "%d", &v)
```

これは、次のコードと本質的に同じです。

```
n, err := fmt.Scanf("%d", &v)
```

書式付き読み書きの 1 つの応用例として、構造体のスライスを保存して表示する例を示します。

このプログラムでは、一連の点の座標のスライスを保存します。点の座標は、第 7 章

「メソッドとインターフェース」の 7.1 節「メソッド」で使った構造体と同じように表現します。

```
// Point 型の定義
type Point struct{ X, Y int }
```

データを保存するために、点の座標データを作成してスライスに保存します。

```
var points = []Point{}
// 5個のデータを作る
points = append(points, Point{5, 5})
points = append(points, Point{7, 8})
points = append(points, Point{4, 3})
points = append(points, Point{7, 4})
points = append(points, Point{9, 5})
```

これらのデータは、点の情報を保存する関数 Save() を作って保存します。

Save() の中では、os.OpenFile() を使ってファイルを開き、fmt.Fprintf() で個々の点のデータをファイルに書き込んで file.Close() でファイルを閉じます。

```
func Save(points []Point) int {
    // ファイルを開く
    file, err := os.OpenFile(fname, os.O_RDWR|os.O_CREATE, 0666)

    // ファイルに書き込む
    for _, p := range points {
        fmt.Fprintf(file, "%d %d\n", p.X, p.Y)
    }

    // ファイルを閉じる
    file.Close()
    return len(points) // 書き込んだ点の数を返す
}
```

点の情報データを読み込む関数は Load() という名前にします。

Load() の中では、os.OpenFile() を使ってファイルを開き、点のデータがなくなるまで fmt.Fscanf() でファイルからデータを読み込み、最後に file.Close() でファイルを閉じます。

```go
func Load() []Point {
    var points = []Point{}
    // ファイルを開く
    file, err := os.OpenFile(fname, os.O_RDONLY, 0666)

    // ファイルから読み込む
    var x, y int
    for {
        n, err := fmt.Fscanf(file, "%d %d", &x, &y)
        if n == 0 || err != nil {
            break
        } else {
            points = append(points, Point{x, y})
        }
    }

    // ファイルを閉じる
    file.Close()
    return points
}
```

プログラム全体を次に示します。

```go
// wrpoints.go
package main

import (
    "fmt"
    "log"
    "os"
)

// Point 型の定義
type Point struct{ X, Y int }

const fname = "points.data"

// Load - 点の情報を読み込むメソッド
```

```go
func Load() []Point {
    var points = []Point{}
    // ファイルを開く
    file, err := os.OpenFile(fname, os.O_RDONLY, 0666)
    if err != nil {
        log.Fatal(err)
    }

    // ファイルから読み込む
    var x, y int
    for {
        n, err := fmt.Fscanf(file, "%d %d", &x, &y)
        if n == 0 || err != nil {
            break
        } else {
            points = append(points, Point{x, y})
        }
    }

    // ファイルを閉じる
    file.Close()
    return points
}

// Save - 点の情報を保存するメソッド
func Save(points []Point) int {
    // ファイルを開く
    file, err := os.OpenFile(fname, os.O_RDWR|os.O_CREATE, 0666)
    if err != nil {
        log.Fatal(err)
    }

    // ファイルに書き込む
    for _, p := range points {
        fmt.Fprintf(file, "%d %d¥n", p.X, p.Y)
    }

    // ファイルを閉じる
    file.Close()
    return len(points) // 書き込んだ点の数を返す
}
```

```
func main() {
    var points = []Point{}
    // 5個のデータを作る
    points = append(points, Point{5, 5})
    points = append(points, Point{7, 8})
    points = append(points, Point{4, 3})
    points = append(points, Point{7, 4})
    points = append(points, Point{9, 5})

    // データを表示する
    fmt.Println("書き込むデータ")
    for i, p := range points {
        fmt.Printf("point[%d] - (%d,%d)¥n", i+1, p.X, p.Y)
    }
    // データを保存する
    Save(points)

    // データを保存する
    data := Load()

    // 読み込んだデータを表示する
    fmt.Println("読み込んだデータ")
    for i, p := range data {
        fmt.Printf("point[%d] = (%d,%d)¥n", i+1, p.X, p.Y)
    }
}
```

実行結果を次に示します。

```
C:¥golang¥sample>sample.exe
書き込むデータ
point[1] = (5,5)
point[2] = (7,8)
point[3] = (4,3)
point[4] = (7,4)
point[5] = (9,5)
読み込んだデータ
```

```
point[1] = (5,5)
point[2] = (7,8)
point[3] = (4,3)
point[4] = (7,4)
point[5] = (9,5)
```

9.3　便利な入出力関数

　Go 言語のライブラリには、特定の目的に適した容易に使える関数が多数用意されています。

◆ io.Copy() ・・ ◆

　単にファイルをコピーするだけなら、io.Copy() を使うと簡単に実現できます。ファイルを開いて io.Copy() でファイルの内容をコピーし、ファイルを閉じるだけです。

```
// ファイルを開く
src, err := os.Open(os.Args[1])
dst, err := os.Create(os.Args[2])

// ファイルをコピーする
_, err = io.Copy(dst, src)

// ファイルを閉じる
src.Close()
dst.Close()
```

　エラーへの対処も含めた実行できるプログラム全体を次に示します。

リスト9.7●iocopy.go

```go
// iocopy.go
package main

import (
    "fmt"
    "io"
    "os"
)

func main() {
    if len(os.Args) < 3 {
        fmt.Println("引数を2個指定してください。")
        os.Exit(1)
    }

    // ファイルを開く
    src, err := os.Open(os.Args[1])
    if err != nil {
        panic(err)
    }
    defer src.Close()

    dst, err := os.Create(os.Args[2])
    if err != nil {
        panic(err)
    }
    defer dst.Close()

    // ファイルをコピーする
    _, err = io.Copy(dst, src)
    if err != nil {
        panic(err)
    }
}
```

　この場合、io.Copy() の戻り値のうちエラー情報だけを使うので、結果を代入する最初の変数はブランク識別子（_）にしてある点に注意してください。

◆ io/ioutil

io/ioutil パッケージには入出力に利用できるユーティリティ関数が定義されています。このパッケージの中の io/ioutil.WriteFile() や io/ioutil.ReadFile() を使うと簡単にファイルへの読み書きができます。

ファイルに一連のバイトを書き込むには次のようにします。ファイルのオープンやクローズは必要ありません。

```
err := ioutil.WriteFile(fname, ([]byte)(txt), 0666)
```

io/ioutil.WriteFile() の最後の引数として指定した 0666 は Unix のパーミッションビットです。

すでに説明したように、これは最初の 0 の次の数字がファイル所有者の権利を表し、次の数字がグループに所属するユーザーの権利を表し、最後の数字がグループに所属しないユーザーの権利を表します。

この数字は、読む権利がある場合は 4 を、書く権利がある場合は 2、実行する権利がある場合は 1 とし、その和で表現します。たとえば、ファイル所有者だけが読み書きできる場合は 4 + 2 = 6 なので、この値は 0600 になります。

読み込みには io/ioutil.ReadFile() を使います。

```
data, rerr := ioutil.ReadFile(fname)
fmt.Print(string(data))
```

これを使った場合にはプログラムの中のバッファーのサイズを気にせずにファイルからすべてのデータを入力することができます。ただし、サイズが巨大なファイルを扱うのには適しません。

エラーへの対処も含めた実行できるプログラム全体を次に示します。

リスト9.8●iou.go

```
// iou.go
package main

import (
    "fmt"
```

```go
    "io/ioutil"
)

func main() {
    fname := `../sample.dat`

    // ファイルへの書き込み
    txt := "これはサンプルテキスト"
    // 書き込む
    werr := ioutil.WriteFile(fname, ([]byte)(txt), 0666)
    if werr != nil {
        _ = fmt.Errorf("%sに書き込みません", fname)
    }

    // ファイルからの読み込み
    data, rerr := ioutil.ReadFile(fname)
    if rerr != nil {
        _ = fmt.Errorf("%sを読み込めません", fname)
    } else {
        fmt.Print(string(data))
    }
}
```

■練習問題■

9.1　テキストファイルの行数をカウントして出力するプログラムを作ってください。

9.2　「quit」を入力するまでキーボードから入力した文字列をテキストファイルにするプログラムを作ってください。

9.3　csv 形式で単語を出力するプログラムを作成してください。

第10章

ネットワーク

この章ではネットワークを介して情報を受け渡すプログラムについて解説します。

10.1 TCP

　ここでは、TCP というプロトコルを使って情報を受け渡すサーバーとクライアントについて説明します。

◆ プログラムの概要 ◆

　ここで作成するプログラムは次の 2 個のプログラムでペアになって機能します。

- TCP プロトコルを使ってクライアントに接続する TCP サーバー
- サーバーに情報を送って応答を受け取る TCP クライアント

　この組み合わせは、ここで説明するプログラムに限定されるものではありません。実際に使用する場合は、同じような機能を持っていれば、ここで説明するサーバーと他のクライアントを組み合わせて使っても構いませんし、他のサーバーにここで説明するクライアントを接続しても構いません。

> **Note** 送信または受信に他のプログラムを使う場合は、プロトコルが TCP でなければならず、後で説明する IP アドレスとポート番号を一致させなければなりません。

　ここで示すプログラムの場合、サーバーは、クライアントから送られた文字列を返します。その際に、クライアントから「hello」と送られたらその時のサーバーの時刻に従って「おはよう」または「こんにちは」という文字列を返し、それ以外の文字列が送られた場合は、文字列の中の小文字を大文字に変換して返します。

　クライアントは、キーボードから入力した文字列をサーバーに送り、サーバーから返された文字列を表示します。ただし、「quit」という文字列が入力された場合はプログラムを終了します。

　プログラムを実行するには、まずこの後の「TCP サーバー」で説明する tcpserver プログラムを実行します。

　Linux などの UNIX 系 OS で 1 つのマシンで両方のプログラムを実行する場合は、
「tcpserver &」としてバックグラウンドでサーバーを起動し、それから tcpclient
を起動するとよいでしょう。サーバーを終了するときには kill または killall コマン
ドを使います。

　Windows で 1 つのマシンで両方のプログラムを実行する場合は、コマンドプロンプト
ウィンドウを 1 つ開いて tcpserver.exe を実行し、さらに別のコマンドウィンドウを
開いて tcpclient.exe を実行します。サーバーを終了するときには Ctrl キーを押しな
がら C キーを押します。

　Windows でサーバーを起動した後のクライアントの実行例を示します。[ ] に囲まれ
た文字列はサーバーから返された文字列です。

```
C:¥golang¥ch10¥tcpclient>tcpclient.exe
文字列を入力してください (終了は quit)
hello
[おはよう]
小文字のabcは大文字に
[ 小文字のABCは大文字に ]
quit
```

◆ TCP サーバー

　サーバーでは、まず、TCP 接続してクライアントからの接続に耳を傾けます (リスン
します)。

```
l, err := net.Listen("tcp", "localhost:8000")
```

　このときの net.Listen() の最初のパラメーター ("tcp") はプロトコルです。
　2 番目のパラメーター ("localhost:8000") は次の形式で IP アドレスとポート番
号を指定します。

　　接続先 IP アドレス : ポート番号

　この例では同じマシンであることを示す localhost にしていますが、たとえばすべ
てのマシンからの接続を受け付けるときには「0.0.0.0」にします。ポートは 8000 以外
でも構いません（ポート番号を通信するクライアントと一致させる必要はあります）。

　返される値の型は Listener で、変数 l に保存します。

　待ち受けているときに接続があったら個々の接続を処理するために net.Listen().
Accept() で接続を受け入れて、送られてきたデータを処理します。この処理はここで
は関数 handleConn() で処理することにしますが、その際に、複数のリクエストに応え
られるようにゴルーチンとして実行します。

```
for {
    conn, err := l.Accept()
    if err != nil {
        log.Print(err)
        continue
    }
    go handleConn(conn)
}
```

　実際に接続を処理すること、つまりネットワークを介して送られた文字列に応じて、
「おはよう」または「こんにちは」という文字列を返すか、文字列の中の小文字を大文字
に変換して返す作業を行う handleConn() は、たとえば次のようにします。

```
func handleConn(c net.Conn) {
    input := bufio.NewScanner(c)
    for input.Scan() {
        msg := input.Text()
        go func() {
            if strings.ToLower(msg) == "hello" {
                if time.Now().Hour() < 12 {
                    fmt.Fprintln(c, "[おはよう]")
                } else {
                    fmt.Fprintln(c, "[おはよう]")
                }
            } else {
                fmt.Fprintln(c, "[", strings.ToUpper(msg), "]")
            }
            time.Sleep(500 * time.Millisecond)
        }()
```

```
    }
    c.Close()
}
```

ここではデータを受け取るためにスキャナーを使っています

```
func handleConn(c net.Conn) {
    input := bufio.NewScanner(c)
    for input.Scan() {
        msg := input.Text()
```

これは、受け取るのがキーボードではなくネットワーク接続である点を除いて、第9章「ファイル入出力」でやったこととまったく同じです。

```
input := bufio.NewScanner(c)
input.Scan()
msg := input.Text()
```

受け取ったデータを適切に加工してクライアントに送り返す fmt.Fprintln() も、送り先がネットワーク接続であることを除いて、本質的に第9章やったことと同じです。

```
fmt.Fprintln(c, "[", strings.ToUpper(msg), "]")
```

TCP サーバープログラム全体を次に示します。

リスト10.1●tcpserver.go

```
// tcpserver.go
package main

import (
    "bufio"
    "fmt"
    "log"
    "net"
    "strings"
    "time"
)

// 接続を処理する
```

```go
func handleConn(c net.Conn) {
    input := bufio.NewScanner(c)
    for input.Scan() {
        msg := input.Text()
        go func() {
            if strings.ToLower(msg) == "hello" {
                if time.Now().Hour() < 12 {
                    fmt.Fprintln(c, "[おはよう]")
                } else {
                    fmt.Fprintln(c, "[おはよう]")
                }
            } else {
                fmt.Fprintln(c, "[", strings.ToUpper(msg), "]")
            }
            time.Sleep(500 * time.Millisecond)
        }()
    }
    c.Close()
}

func main() {
    fmt.Println("サーバースタート")

    // 接続してクライアントに耳を傾ける
    l, err := net.Listen("tcp", "localhost:8000")
    if err != nil {
        log.Fatal(err)
    }

    // 個々の接続を処理する
    for {
        conn, err := l.Accept()
        if err != nil {
            log.Print(err)
            continue
        }
        go handleConn(conn)
    }
}
```

◆ TCP クライアント

クライアントの仕事は、サーバーに接続することと、キーボードから入力した文字列を単にサーバーに送り、サーバーから返された文字列を表示することです。ただし、「quit」という文字列が入力された場合はプログラムを終了するようにします。

サーバーへの接続は、net.Dial() で行います。

```
conn, err := net.Dial("tcp", "localhost:8000")
```

このときの net.Dial() の最初のパラメーター（"tcp"）はプロトコルです。

2 番目のパラメーター（"localhost:8000"）はサーバーと同様に次の形式で IP アドレスとポート番号を指定します。

接続先 IP アドレス : ポート番号

この例では同じマシンであることを示す localhost にしていますが、特定のサーバーに接続したいときには、サーバーマシンの IP アドレスとしてたとえば「192.168.11.10」を指定します（サーバーのアドレスを指定する必要がある点に注意してください）。ポートは 8000 以外でも構いません（サーバーと一致させる必要はあります）。

サーバーとのやり取りそれぞれの仕事はゴルーチンと for ループで実行します。

サーバーから受け取ったデータを表示するゴルーチンでは io.Copy() を使ってネットワーク接続で受け取ったデータを標準出力（os.Stdout）にコピーすることでサーバーから送られた情報を表示します。

```
done := make(chan struct{})
go func() {
    io.Copy(os.Stdout, conn)
```

```
    done <- struct{}{}
}()
```

　なお、切断などによる終了を検出するためにここでチャンネル done を作成して io.Copy() の終了後に送っている点に注目してください。このチャンネルへの送信はプログラムの最後で受け取ります。

　接続後にキーボードから入力した文字列をサーバーに送るためのコードは次の通りです。

```
var sc = bufio.NewScanner(os.Stdin)
for {
    if sc.Scan() {
        txt = sc.Text()
    }
    if txt == "quit" {
        break
    }
    txt += "\n"
    _, werr := conn.Write(([]byte)(txt))
}
```

　ここではスキャナーでキーボードからデータを受け取り、conn.Write() でネットワーク接続に書き込むことで情報をサーバーに送ることを繰り返しています。そして、「quit」が入力されたらループを抜けてプログラムを終了します。

　TCP クライアントのプログラム全体を次に示します。

リスト10.2●tcpclient.go

```
// tcpclient.go
package main

import (
    "bufio"
    "fmt"
    "io"
    "log"
    "net"
    "os"
```

```go
    "time"
)

func main() {
    fmt.Println("文字列を入力してください（終了は quit）")

    // 接続する
    conn, err := net.Dial("tcp", "localhost:8000")
    if err != nil {
        log.Fatal(err)
    }

    // サーバーから受け取ったデータを表示するゴルーチン
    done := make(chan struct{})
    go func() {
        io.Copy(os.Stdout, conn)
        done <- struct{}{}
    }()

    // 入力をサーバーに渡す
    var sc = bufio.NewScanner(os.Stdin)
    var txt string
    for {
        if sc.Scan() {
            txt = sc.Text()
        }
        if txt == "quit" {
            break
        }
        txt += "\n"
        _, werr := conn.Write(([]byte)(txt))
        if werr != nil {
            log.Fatal(err)
        }
        time.Sleep(50 * time.Millisecond)
    }

    conn.Close()
    <-done
}
```

10.2 HTTP

ここでは net/http パッケージを使って HTTP 通信をする方法を説明します。

◆ HTTP Get ···◆

最初に HTTP Get を使ってウェブサイトのソースを取得するプログラムを作ります。
まず、http.Get() を使って指定した URL に HTTP GET リクエストを送信します。

```
resp, err := http.Get(url)
```

url は「cutt.co.jp」のような文字列です。
そして ioutil.ReadAll() を使って resp.Body からソースを取り出します。

```
// ソースを取得する
src, err := ioutil.ReadAll(resp.Body)
// ソースを表示する
fmt.Printf("%s", src)
```

resp.Body から間接的に ioutil.ReadAll() を使って取得するのではなく、resp.
Body.Read() を使う方法もあります。

```
n, err := resp.Body.Read(buf)
```

しかし、この方法を使うためには十分な容量のバッファーを用意しなければなりません。
ウェブサイトを取得するプログラム全体を次に示します。

リスト10.3●httpget.go

```
// httpget.go
package main

import (
    "fmt"
```

```go
        "io/ioutil"
        "net/http"
        "os"
        "strings"
)

func main() {
    if len(os.Args) < 2 {
        fmt.Println("引数にURLを指定してください。")
        os.Exit(1)
    }

    url := os.Args[1]
    if !strings.HasPrefix(url, `http://`) {
        url = `http://` + os.Args[1]
    }

    // HTTP GETリクエストを送信する
    resp, err := http.Get(url)
    if err != nil {
        fmt.Fprintf(os.Stderr, "http.Get()でエラー発生(%v)\n", err)
        os.Exit(1)
    }

    // ソースを取得する
    src, err := ioutil.ReadAll(resp.Body)
    resp.Close()
    if err != nil {
        fmt.Fprintf(os.Stderr, "ReadAll()でエラー発生(%v)\n", err)
        os.Exit(1)
    }
    fmt.Printf("%s", src)
}
```

　このプログラムを実行するときには、たとえば「httpget cutt.co.jp」のように具体的な URL をプログラムの引数として指定します。

◆ HTTP サーバー ··· ◆

　HTTP サーバーは、ウェブブラウザーのようなクライアントから接続されてリクエストを受け取って HTML ページや情報を返します。

　HTTP サーバーの骨組みはとてもシンプルです。

　まず、HTTP のリクエストを処理するリクエスト処理関数を設定します。次の例では handler という名前の関数に処理を任せるように設定しています。

```
http.HandleFunc("/", handler)
```

　そして、クライアントに耳を傾け（リッスン）、サーバーとしてのサービスを開始します。

```
err := http.ListenAndServe("localhost:8000", nil)
```

　このときの http.ListenAndServe() の最初のパラメーター（"localhost:8000"）は次の形式で IP アドレスとポート番号を指定します。

　　　接続先 IP アドレス : ポート番号

　この例では同じマシンであることを示す localhost にしていますが、たとえばすべてのマシンからの接続を受け付けるときには「0.0.0.0」にします。ポートは 8000 以外でも構いません（クライアントと一致させる必要はあります）。

　第 2 引数は nil にしてデフォルトの DefaultServeMux（HTTP リクエストマルチプレクサー）を使うようにします。

　リクエスト処理関数には、クライアントに情報を送るための http.ResponseWriter と、クライアントからのリクエストである http.Request のポインターが渡されます。http.Request のメンバーを調べればクライアントからのリクエストについて知ることができます。

```
func handler(w http.ResponseWriter, r *http.Request) {
}
```

　たとえば、http.Request.Host でホストの情報が、*http.Request .RemoteAddr でリモートアドレスがわかります。

クライアントに情報を送るためには fmt.Fprintf() を使って文字列を作って送ります。クライアントにはプレーンな文字列を送ることもできますが、HTML にして送りたいときには、たとえば次のようにします。

```
fmt.Fprintf(w, "<html>¥n<body>¥n")
fmt.Fprintf(w, "<h1>httpserverへようこそ</h1>¥n")
fmt.Fprintf(w, "<p>サーバーは：%q</p>¥n", r.Host)
fmt.Fprintf(w, "<p>あなたのIPアドレスは：%q</p>¥n", r.RemoteAddr)
fmt.Fprintf(w, "</body>¥n</html>¥n")
```

そして、http.Request.ParseForm() を実行します。

```
r.ParseForm()
```

ここでは、リクエスト処理関数 handler() は、単純な HTML ページを送るための次のようなコードにします（<html> や <h1> などは HTML のタグです）。

```
func handler(w http.ResponseWriter, r *http.Request) {
    // クライアントに文字列を送る
    fmt.Fprintf(w, "<html>¥n<body>¥n")
    fmt.Fprintf(w, "<h1>httpserverへようこそ</h1>¥n")
    fmt.Fprintf(w, "<p>サーバーは：%q</p>¥n", r.Host)
    fmt.Fprintf(w, "<p>リモートアドレスは：%q</p>¥n", r.RemoteAddr)
    fmt.Fprintf(w, "</body>¥n</html>¥n")
    if err := r.ParseForm(); err != nil {
        log.Print(err)
    }
}
```

Note サーバーから送り返す情報は HTML タグのないプレーンなテキストでも構いません。

プログラム全体を次に示します。

リスト10.4●httpserver.go

```go
// httpserver.go
package main

import (
    "fmt"
    "log"
    "net/http"
)

func main() {
    fmt.Println("サーバースタート（[Ctrl]+[C]で終了）")
    // リクエスト処理関数を設定する
    http.HandleFunc("/", handler)
    // クライアントに耳を傾けサービスを開始する
    err := http.ListenAndServe("localhost:8000", nil)
    if err != nil {
        log.Fatal(err)
    }
}

// リクエスト処理関数
func handler(w http.ResponseWriter, r *http.Request) {
    // クライアントに文字列を送る
    fmt.Fprintf(w, "<html>\n<body>\n")
    fmt.Fprintf(w, "<h1>httpserverへようこそ</h1>\n")
    fmt.Fprintf(w, "<p>サーバーは：%q</p>\n", r.Host)
    fmt.Fprintf(w, "<p>リモートアドレスは：%q</p>\n", r.RemoteAddr)
    fmt.Fprintf(w, "</body>\n</html>\n")
    if err := r.ParseForm(); err != nil {
        log.Print(err)
    }
}
```

このサーバープログラムを実行して同じマシンのウェブブラウザーでサーバー「localhost:8000」に接続すると次のように表示されます。

図10.1●ブラウザーでサーバーにアクセスした例

　また、ブラウザーでこの HTML ページのソースコードを表示すると次のようになります。

図10.2●ブラウザーでページのソースコードを表示した状態

　他のマシンからも接続できるサーバーにしたい場合には、サーバープログラムのアドレスをたとえば次のようにします。

```
// クライアントに耳を傾けサービスを開始する
err := http.ListenAndServe("0.0.0.0:8000", nil)
```

　そしてネットワークで接続された他のマシンから、たとえば「http://192.168.11.10:8000」のように具体的なサーバーのアドレスまたは URL

を指定してサーバーに情報をリクエストします。

図10.3●他のマシンのサーバーに接続した状態

 この場合、LAN でローカルに接続しているサーバーなので、リモートアドレスはローカルアドレスになっています。なお、マシンのアドレスは ifconfig（UNIX 系 OS）または ipconfig（Windows）で調べることができます。

■ 練習問題 ■

10.1 TCP サーバーで、クライアントから「元気ですか」と送られてきたら「元気だよ」と返し、「天気は？」と送られてきたら「晴れです」と返すようにしてください。

10.2 TCP サーバーで「おやすみ」が送られてきたらサーバーが 10 秒後に停止するようにしてください。

10.3 TCP サーバー／クライアントで、具体的なアドレスを指定してネットワークで接続された他のマシンからサーバーに接続できるようにしてください。

第11章

GUI プログラム

この章ではウィンドウを使うアプリである GUI アプリ
のプログラミングとシンプルな GUI アプリの作り方につ
いて解説します。

11.1 GUI プログラミングの基礎

ここでは GUI アプリのプログラミングの基礎について解説します。

◆ GUI アプリの構造 ◆

コンソールウィンドウで数値を含むさまざまな文字列をキーボードから入力したり画面に出力したりするプログラムを CUI（Character-based User Interface）アプリといいます。

それに対して、ウィンドウを使うアプリを GUI（Graphical User Interface）アプリといいます。

GUI アプリは CUI のプログラムとは少し異なる考え方で作成します。その中心となるのが、アプリのイベントメッセージを処理するメインループです。

GUI アプリは、ウィンドウを作成する準備ができてウィンドウが表示されると、ウィンドウに送られるイベントメッセージを待ち続けます。イベントとは、マウスのクリックであったり、ユーザーから入力であったり、あるいは他のプログラムからの要求であったりしますが、いずれにしてもアプリのイベントメッセージを処理するメインループがイベントを待ち続けます。

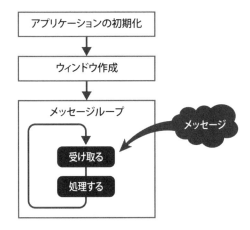

図11.1 ● GUIアプリの構造

　従って、アプリを終了するためのメッセージが送られない限り、プログラムが終了することもありません（CUI アプリは、無限ループがない限り、プログラムの最後のコードが実行されると終了します）。

　CUI アプリと GUI アプリはこのように動作が異なりますが、プログラミングを作成する立場からいえば、アプリがメッセージを受け取って、それに対応した動作をするようにコードを記述することで、GUI アプリを作成できます。

　このような、イベントの発生を待ってそれを処理するという考え方でプログラミングすることを、イベント駆動型プログラミングともいいます。この考え方は、Go 言語のどのような GUI ベースのプログラミングでも使われています。

◆ Go 言語の GUI プログラミング

　Go 言語で GUI プログラミングを実現するためのライブラリ（パッケージ）にはさまざまな種類があります。本書執筆段階では、そのいずれもが開発と改善が進められていて、Go 言語の GUI プログラミングに必ず使うというような決定的なものはありません。

　本書では Go 言語の本体の開発グループによって開発が進められている shiny というライブラリを使う方法を使ったプログラミングの概要を説明します。Go 言語の GUI プログラミングのライブラリ（パッケージ）はいずれも開発途上であり、shiny もこれからも拡張・改良されていきます。そのため、将来、本章の記述内容とは異なる部分ができる可能性があります。

◆ shiny

　shiny は執筆時点で golang.org/x/exp の下で実装が進められている Go 言語の GUI ライブラリです。

　shiny は Window のレイヤーと、Widgets のレイヤーという 2 つのレイヤーに分かれています。本書では Window のレイヤーについて説明します。

　GUI プログラミングを始める準備として、GUI のパッケージである shiny をダウンロードしてインストールします。現時点では shiny は Go 言語本体には含まれておらず、golang.org/x/exp/shiny に含まれています。そのため Go 言語をインストールした環境にさらに shiny をダウンロードしてインストールする必要があります。

たとえば、Windows で shiny をダウンロードしてインストールするには次のように
します。

```
C:\Users\（ユーザー名）\go\src>go get golang.org/x/exp/shiny/...
```

なお、このコマンドが完了するまでは、かなり時間がかかります。

11.2　単純なウィンドウ

ここでは何もない（空の）ウィンドウを作成する方法を説明します。

◆ ウィンドウの作成

　最初に作成するのは、何もない（空の）ウィンドウを表示するプログラム smplwnd で
す。このプログラムは、タイトルが「smplwnd」の空のウィンドウを表示し、Esc キー
が押されるか、ウィンドウのクローズボックスがクリックされるとプログラムを終了し
てウィンドウを閉じます。

図11.2●smplwnd

shinyのWindowのレイヤーを主とするGUIプログラミングでは、メイン関数の中に特別な関数driver.Main()を記述して、そこから関数を呼び出して実行します。そのため次のような構造で記述することができます。

```
func main() {
    driver.Main(func(s screen.Screen) {

        (GUIアプリのコードを書く)

    })
}
```

driver.Main()にはscreen.Screenが渡されますが、これは画面を表すインターフェースで、ウィンドウの作成やウィンドウ内部の描画などに使います（この単純なプログラムでは、ウィンドウ内部には何も表示しません）。

ここでは、Screen.NewWindow()を使ってウィンドウを作成します。

```
w, err := s.NewWindow(&screen.NewWindowOptions{
    Title:  "smplwnd",
    Height: 300,
    Width:  400,
})
```

返されたWindowを変数wに入れて後でウィンドウを識別するために使います。これは最後に確実に解放するようにWindow.Release()を遅延実行するようにしておきます。

```
defer w.Release()
```

この後にイベントを受け取っては処理するイベントループを書きます。

```
// イベントループ
for {
    e := w.NextEvent()  // イベントを受け取る

    (イベントを処理する)
}
```

受け取ったイベントはswitch … case ～文でイベントごとに処理します。

このプログラムでは、lifecycle.Event と key.Event、そして error を処理します（イベントについては後で詳しく説明します）。

```
switch e := e.(type) {
case lifecycle.Event:
    (イベント処理)

case key.Event:
    (イベント処理)

case error:
    (イベント処理)
}
```

lifecycle.Event は、たとえばウィンドウが作成されたときやウィンドウが閉じられたときなどに発生します。ここでは、lifecycle.StageDead というイベントのときにこの関数から return してプログラムを終了します。

```
case lifecycle.Event:
    if e.To == lifecycle.StageDead {
        return
    }
```

key.Event は、キーボードのキーが押されたときに発生します。ここでは、イベントのキーコードが key.CodeEscape の場合（Esc キーが押された場合）にこの関数から return してプログラムを終了します。

```
case key.Event:
    if e.Code == key.CodeEscape {
        return
    }
```

エラーが発生したときには単にエラーの情報をログに出力します。

```
case error:
    log.Print(e)
}
```

このプログラムで必要な import 文は次の通りです。

```
import (
    "log"

    "golang.org/x/exp/shiny/driver"
    "golang.org/x/exp/shiny/screen"
    "golang.org/x/mobile/event/key"
    "golang.org/x/mobile/event/lifecycle"
)
```

smplwnd アプリのプログラム全体を次に示します。

リスト11.1●smplwnd.go

```
// smplwnd.go
package main

import (
    "log"

    "golang.org/x/exp/shiny/driver"
    "golang.org/x/exp/shiny/screen"
    "golang.org/x/mobile/event/key"
    "golang.org/x/mobile/event/lifecycle"
)

func main() {
    driver.Main(func(s screen.Screen) {
        w, err := s.NewWindow(&screen.NewWindowOptions{
            Title:  "smplwnd",
            Height: 300,
            Width:  400,
        })
        if err != nil {
            log.Fatal(err)
        }
        defer w.Release()

        for {
            e := w.NextEvent()
```

```
            switch e := e.(type) {
            case lifecycle.Event: // イベント情報を出力したいときには
                // fmt.Printf("lifecycle.Event%v¥n", e) // この行頭の//を取る
                if e.To == lifecycle.StageDead {
                    return
                }

            case key.Event: // イベント情報を出力したいときには
                // fmt.Printf("key.Event%v¥n", e) // この行頭の//を取る
                if e.Code == key.CodeEscape {
                    return
                }

            case error:
                log.Print(e)
            }
        }
    })
}
```

　なお、次のイベントの説明をより理解するためにイベント情報を出力したいときには、イベントの case 文の後に次の行を入れるとよいでしょう。

```
fmt.Printf("key.Event%v¥n", e)
```

◆ イベント

　イベント処理をするためには、イベントについて知っておく必要があります。

　lifecycle.Event は、ウィンドウが作成されたとき、ウィンドウが表示されたとき、ウィンドウが閉じられたときなど、ウィンドウのライフサイクルに関連するイベントが発生したときにプログラムに送られます。

　lifecycle.Event は、イベントの重要なパラメーターとして From や To があり、これは状態が From から To に変わったことを示します。

　先ほどのプログラムでは、lifecycle.StageDead というイベントのパラメーター e.To が lifecycle.StageDead であるときにこの関数から return してプログラムを

終了しました。

```
case lifecycle.Event:
    if e.To == lifecycle.StageDead {
        return
    }
```

lifecycle イベントには、他にたとえば次のような状態があります。

表11.1●lifecycle.Eventの状態

状態	意味
StageDead	プログラム（ウィンドウ）のライフタイム終了
StageFocused	ウィンドウがフォーカスを得た
StageVisible	ウィンドウが可視状態になった（表示された）

さらにたとえば次のようなイベントがあります。

表11.2●主なイベント

イベント	意味
key.Event	キーボードのキーが押されたときに発生する。押されたキーの種類の情報が含まれる。
size.Event	ウィンドウのサイズが変更されたときに発生する。サイズの情報が含まれる。
paint.Event	描画の必要性が起きたときに発生する。
mouse.Event	マウスが移動したりクリックされたときなどに発生する。位置とマウスボタンの状態の情報が含まれる。

11.3 描画とマウス

ここでは、マウスのイベント処理とウィンドウ内に描画する方法を説明します。

◆ プログラムの概要 ◆

このプログラムは、ウィンドウの内部でマウスをクリックするとそこに四角形が描かれます。

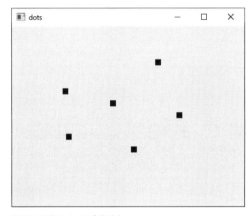

図11.3●dotsの実行例

この種の描画プログラムで重要な点は、図形を描くのを、マウスがクリックされた時ではなく、ウィンドウの描画が必要になったときに行うようにするということです。もしマウスのクリックイベントで四角形を描画するようにすると、たとえば、プログラムを実行しているときに他のプログラムのウィンドウが上に表示されて、再びこのプログラムのウィンドウが表示されたときには、図形が消えてしまいます。そこで、図形を描くために次の方法をとります。

まず、描く図形の情報は、マウスがクリックされるたびに、クリックされた点の座標を表す構造体のスライスに保存しておきます。

そして、ウィンドウが paint イベントを受け取ったときに四角形を描くようにします。

　また、マウスがクリックされた時には、点の情報をスライスに追加するだけではなく、ウィンドウに paint イベントを送って再描画します。

　このような方法はほとんどのウィンドウベースの描画で共通して使われる方法です。

◆ コード

　四角く塗り潰すときの色は RGBA 値で指定します。この値は、赤の明るさ（r）、緑の明るさ（g）、青の明るさ（b）、色の不透明度（a）のそれぞれの値を 0 ～ 0xff（255）の範囲で color.RGBA{r,g,b,a} を使って作成します。

```
var darkGray = color.RGBA{0x30, 0x30, 0x30, 0xff}
```

　そしてクリックされた座標（X,Y）を保存する構造体を定義します。

```
// Point 構造体
type Point struct {
    X, Y int
}
```

　関数 main() のなかで最初に行うことは、座標を保存する Point 構造体のスライスを作成すること以外は、smplwnd とほとんど同じです。

```
func main() {
    var points []Point

    driver.Main(func(s screen.Screen) {
        w, err := s.NewWindow(&screen.NewWindowOptions{
            Title:  "dots",
            Width:  400,
            Height: 300,
        })
        if err != nil {
            log.Fatal(err)
        }
        defer w.Release()
```

　イベントループではまず mouse イベントを処理します。これは、左のマウスボタンが押されて（e.Button == mouse.ButtonLeft）かつマウスが押された瞬間だけ

(e.Direction == mouse.DirPress) 処理するようにします（そうしないとマウスボタンが放されたときにも処理されてしまいます）。

```
case mouse.Event:
    if e.Button == mouse.ButtonLeft && e.Direction == mouse.DirPress {
        （イベントを処理する）
    }
```

　処理の内容は、まずイベントのパラメーターから座標を取り出して Point 構造体を作成し、Point 構造体のスライスに追加します。

```
p := Point{int(e.X), int(e.Y)}
points = append(points, p)
```

　そして、後で説明する paint イベントの処理コードを実行させて描画させるために paint イベントをこのプログラムのウィンドウに送ります。

```
w.Send(paint.Event{})
```

　mouse イベントの処理コードは全体で次のようになります。

```
case mouse.Event:
    if e.Button == mouse.ButtonLeft && e.Direction == mouse.DirPress {
        p := Point{int(e.X), int(e.Y)}
        points = append(points, p)
        // 描画させるためにpaintイベントを送る
        w.Send(paint.Event{})
    }
```

　paint イベントでは、Point 構造体のスライス points に保存されている座標の数だけ image.Rect() で四角形を作り、Window.Fill() で塗り潰すという作業を繰り返します。

```
case paint.Event:
    for _, pos := range points {
        r := image.Rect(pos.X-5, pos.Y-5, pos.X+5, pos.Y+5)
        w.Fill(r, darkGray, screen.Src)
    }
    w.Publish()
```

プログラム全体を次に示します。

リスト11.2●dots.go

```go
// dots.go
package main

import (
    "image"
    "image/color"
    "log"

    "golang.org/x/exp/shiny/driver"
    "golang.org/x/exp/shiny/screen"
    "golang.org/x/mobile/event/key"
    "golang.org/x/mobile/event/lifecycle"
    "golang.org/x/mobile/event/mouse"
    "golang.org/x/mobile/event/paint"
)

// 濃い灰色
var darkGray = color.RGBA{0x30, 0x30, 0x30, 0xff}

// Point 構造体
type Point struct {
    X, Y int
}

func main() {
    var points []Point

    driver.Main(func(s screen.Screen) {
        w, err := s.NewWindow(&screen.NewWindowOptions{
            Title:  "dots",
            Width:  400,
            Height: 300,
        })
        if err != nil {
            log.Fatal(err)
        }
```

```
        defer w.Release()

        for {
            e := w.NextEvent()

            switch e := e.(type) {
            case lifecycle.Event:
                if e.To == lifecycle.StageDead {
                    return
                }

            case key.Event:
                if e.Code == key.CodeEscape {
                    return
                }

            case mouse.Event:
                if e.Button == mouse.ButtonLeft &&
                        e.Direction == mouse.DirPress {
                    p := Point{int(e.X), int(e.Y)}
                    points = append(points, p)
                    // 描画させるためにpaintイベントを送る
                    w.Send(paint.Event{})
                }

            case paint.Event:
                for _, pos := range points {
                    r := image.Rect(pos.X-5, pos.Y-5, pos.X+5, pos.Y+5)
                    w.Fill(r, darkGray, screen.Src)
                }
                w.Publish()

            case error:
                log.Print(e)
            }
        }
    })
}
```

■ 練習問題 ■

11.1 smplwnd のウィンドウのタイトルとサイズ、クライアント領域の色を変更してください。

11.2 dots プログラムのドットの色と大きさを変更してください。

11.3 dots プログラムで図形を 10 個描いて 11 個目を描こうとすると終了するようにしてください。

第**12**章

さまざまなテクニック

　この章では、これまで本書の中で使った中でも特に頻繁に使うテクニックやこれまでには説明していない便利なテクニックについて説明します。本書の範囲内でさまざまなプログラムを作るときには、この章で示すようなテクニックを使うと良いでしょう。

12.1　数と文字列

数や文字列は最もよく使うデータ型です。

◆ 文字列を数に変換する ◆

`strconv.Atoi()` を使って文字列を整数に変換することができます。

```go
package main

import (
    "fmt"
    "strconv"
)

func main() {
    s := "123"
    var n int
    n, _ = strconv.Atoi(s)
    fmt.Println(n)
}
```

◆ 数を文字列に変換する ◆

`strconv.Itoa()` を使って整数を文字列に変換することができます。

```go
package main

import (
    "fmt"
    "strconv"
)

func main() {
    var s string
    n := 123
    s = strconv.Itoa(n)
```

```
    fmt.Println(s)
}
```

値を調べたいときには fmt.Printf() を使って適切な書式指定文字を指定すること
で、値を 16 進数や 8 進数などにして調べることもできます。

```
fmt.Printf("%x¥n", n)    // 16進数で出力する
fmt.Printf("%o¥n", n)    // 8進数で出力する
```

◆ 実数を整数にする

int()（あるいは int16、int32 など）を使って変換します。

```
d := 123.45
return int(d)
```

「(int)v」という形式の C/C++ などで使われるキャストは Go 言語では使えません。

四捨五入や切り捨てを明示的に行いたい場合は math パッケージの関数 math.
Round() あるいは math.Round() などを使って変換します。

```
n = int(math.Round(x))    // 四捨五入
n = int(math.Floor(x))    // 切り捨て
```

◆ 整数を実数にする

整数を実数に変換する際に、C/C++ や他の多くの言語のような自動的な変換は行われ
ません。

次のように明示的に変換します。

```
var n int = 123
var v float32

v = float32(n)
```

◆ 変数の型を調べる

変数の型を出力したい場合には、fmt.Printf() の書式文字列で %T を使います。

```
fmt.Printf("%T", a)    // aは変数
```

「fmt.Printf("%T", a)」で調べたときに、配列は「[5]int」のように結果に要素数が表示され、スライスは「[]int」のように要素数が表示されません。

プログラムコードで値の型を調べたいときには、reflect.TypeOf() を使うことができます。

次の例は型が同じかどうか調べるプログラムの例です。

```go
import (
    "fmt"
    "reflect"
)

func main() {
    var x = 1
    var y int64 = 123

    if reflect.TypeOf(x) == reflect.TypeOf(y) {
        fmt.Println("同じ型")
    } else {
        fmt.Println("異なる型")
    }
}
```

int と int64 や、int と構造体として定義した整数は、それぞれ異なる型として識別されます。

任意の型として受け取った値が特定の型であるかどうか調べるときには、たとえば次のようにして調べることができます。

```go
func function(a interface{}) {
    v, ok := a.(int) // intであるか調べる
    if ok {
        fmt.Printf("intの値%d¥n", v)
    } else {
        fmt.Println("int以外の値¥n", a)
    }
}
```

12.2 システム

ここではシステムに関連するさまざまなテクニックを取り上げます。

◆ データ型のサイズを調べる ··· ◆

データ型や構造体のサイズを調べるには、unsafe.Sizeof() を使います。結果はバイト数で得られます。

次のプログラムは整数型のサイズを調べるプログラムの例です。

リスト12.1●intsize.go

```go
// intsize.go
package main

import (
    "fmt"
    "unsafe"
)

func main() {
    var n int = 123
    var n32 int32 = 23
    var n64 int64 = 23

    fmt.Printf("size of int=%d¥n", unsafe.Sizeof(n))
    fmt.Printf("size of int32=%d¥n", unsafe.Sizeof(n32))
    fmt.Printf("size of int64=%d¥n", unsafe.Sizeof(n64))
}
```

◆ プログラムを終了する

os.Exit(n) という形式で使ってプログラムを終了します。値 n は OS に返されます。

```
if err != nil {
    fmt.Fprintf(os.Stderr, "fetch: %v¥n", err)
    os.Exit(1)
}
```

◆ 外部のプログラムを実行する

exec.Command() を使ってコマンドを作成して cmd.Start() でプログラムを実行します。起動したプログラムの終了を待ちたいときには cmd.Wait() を実行します。

リスト12.2●sample.go

```
// sample.go
package main

import (
    "fmt"
    "os/exec"
)

func main() {
    cmd := exec.Command("notepad", "sample.dat")

    err := cmd.Start()
    if err != nil {
        fmt.Println(err)
    }

    cmd.Wait()   // 終了を待つ
}
```

◆ 環境変数を取得する ··◆

os.Environ() を使います。返される値は「環境変数名=値」の形式の文字列のスライスです。

```
import (
    "fmt"
    "os"
)

func main() {
    osenv := os.Environ()

    for _, s := range osenv {
        fmt.Println(s)
    }
}
```

特定の環境変数を取得する場合は、os.Getenv() を使います。たとえば、os.Getenv("OS") の値で環境変数 "OS" が設定されていれば、OS の種類を取得できます。

◆ 実行環境を識別する ··◆

Go 言語のプログラムから、そのプログラムの実行環境を識別することができます。

たとえば、runtime.GOOS で "windows" が返されれば Windows 環境で、"linux" が返されれば Linux 環境です。

また、環境変数を使ってプログラムの実行環境を判別することもできます。os.Getenv("OS") の値が Windows_NT である場合は Windows です。さらに、「環境変数を取得する」で取得した環境変数の中に変数「SHELL=/bin/bash」が含まれていれば実行中の環境は Linux などの UNIX 系 OS でシェルが bash であり、「OS=Windows_NT」と環境変数 HOMEDRIVE が含まれていれば実行中の環境は Windows であることとホームドライブを知ることができます。

◆ 実行を一時的に停止する ···◆

　プログラムの実行を一次的に停止するには time.Sleep() を使います。time.
Sleep() を実行すると、他のゴルーチンやスレッド、プロセスに実行の機会を与えることができます。

```
time.Sleep(10 * time.Millisecond)    // 10ミリ秒待つ
time.Sleep(5 * time.Second)          // 5秒待つ
```

12.3　ソースファイルの分割

　大きなプログラムの場合、ソースファイルを複数に分割するのが普通です。

◆ 複数のソース ···◆

　本書のこれまでに掲載したサンプルプログラムは、短くてわかりやすくするためと書籍に掲載するために、1 つのソースファイルとして記述しました。しかし、必要に応じて別のファイルに分割することもできます。

　たとえば、main というパッケージのソース main.go の次のような main() 部分に主要部を記述します。

リスト12.3●main.go

```
// main.go
package main

import "fmt"

func main() {
    x := 3
    y := 5
    z := addint(x, y)
```

```
    fmt.Printf("%d + %d = %d¥n", x, y, z)
}
```

そして、main() から呼び出す関数を別のソースファイル util.go に記述します。

リスト12.4●Package multisrc - util.go

```
// Package multisrc - util.go
package main

func addint(a, b int) int {
    return a + b
}
```

2つのソースファイルは次のコマンドでコンパイル（ビルド）します。

```
go build main.go util.go
```

これを実行すると main（Windows の場合は main.exe）が生成されます。

◆ パッケージ

関数 main() を複数のソースファイルに分けるだけではなく、他のプログラムでも利用できるように独立したパッケージとして作成することもできます。

次の例は先ほどの util.go を別のパッケージ utils として作成した例です。

リスト12.5●Package utils - util.go

```
// Package utils - util.go
package utils
```

```
func Addint(a, b int) int {
    return a + b
}
```

　他のパッケージから参照できるように関数の名前の先頭を大文字に変更している点に
注意してください。

　main パッケージでは、utils パッケージをインポートします。

リスト12.6●Package pkgs - pkgs.go

```
// Package pkgs - pkgs.go
package main

import (
    "fmt"
    "utils"
)

func main() {
    x := 3
    y := 5
    z := utils.Addint(x, y)

    fmt.Printf("%d + %d = %d¥n", x, y, z)
}
```

　なお、パッケージの命名はパッケージのソースファイルを置くディレクトリ構造を反
映させ、パッケージを置く場所は Go 言語のコンパイラーがファイルを検索できる場所
に置く必要があります。一般的には、そのディレクトリ（フォルダー）は次のようにす
ることが推奨されています。

GOPATH/src/*url*/*subdir*

　GOPATH は環境変数 GOPATH に設定されている場所です。*url* はそのプロジェクトを
開発している組織または個人の URL、*subdir* はそのパッケージを置くサブディレクト

リです。たとえば次のようにします。

```
GOPATH/src/nantoka.org/mypackages/utils
```

　パッケージの一部のファイルをパッケージのディレクトリのサブディレクトリに置く
こともできます。たとえば、color は image のサブディレクトリに保存されています。
その場合、パッケージをインポートするには、次のようにサブディレクトリごと指定し
てインポートします。

```
import (
    "image"
    "image/color"
)
```

　同じディレクトリに、異なるパッケージ名の複数のコードを保存することはできませ
ん。

　パッケージをインポートする際に、パッケージに別名を付けることができます。長
いパッケージ名のパッケージを使ったり、同じ名前の（別のサブディレクトリにあ
る）パッケージを複数使う際に別名が役立ちます。たとえば次のコードではパッケージ
mylongnameutils/longlongutils に utils という別名を付けて使用しています。

```
import utils "mylongnameutils/longlongutils"

func main() {
    utils.MyFunc()
}
```

> **Note** 別名として「.」を指定したパッケージは、関数を呼び出すときや定数を参照する際などにパ
> ッケージ名を省略することができます。
>
> ```
> package main
>
> import . "fmt"
>
> func main() {
>     Println("Hello, Go language")
> ```

```
   }
```

ただし、この方法は推奨されない方法です。

◆ パッケージの初期化 .... ◆

パッケージの初期化コードは init() という名前の特別な関数に記述します。

次の例は main() を持たないユーティリティ関数を含むパッケージに init() を作成
した例です。

リスト12.7●Package myutils - myutil.go

```go
// Package myutils - myutil.go
package myutils

import "fmt"

// init - 初期化関数
func init() {
    fmt.Println("myutilsを初期化します。")
}

// Addint - 引数の値を加算して返す
func Addint(a, b int) int {
    return a + b
}
```

main() があるメインパッケージにも初期化関数を記述することができます。

リスト12.8●Package pkgs - pkgs.go

```go
// Package pkgs - pkgs.go
package main

import (
    "fmt"
```

```
        "myutils"
)

// init - 初期化関数
func init() {
    fmt.Println("mainを初期化します。")
}

func main() {
    x := 3
    y := 5
    z := myutils.Addint(x, y)

    fmt.Printf("%d + %d = %d¥n", x, y, z)
}
```

これを実行すると、次のように出力されます。

```
myutilsを初期化します。
mainを初期化します。
3 + 5 = 8
```

この結果を見るとわかるように、myutils がインポートされたときに myutils の init() が呼び出されて、それから main の init() が呼び出されて初期化されます。

なお、パッケージをインポートしてパッケージを初期化したいけれど、パッケージの関数などを使わない場合は、別名として「_」を使ってインポートします。

```
import _ "fmt"
```

Note
パッケージの関数などを使わないで単にインポートすると、gofmt やエディターの整形機能などでそのパッケージを import している記述が削除されますが、別名として「_」を使ってインポートすることでこの問題を回避できます。

12.4 エラーとデバッグ

　ここではエラーへの対処やデバッグについて説明します。Go 言語では、実行中の問題の検出と対処に、他の言語でよく使われる例外処理を使わずに、関数やメソッドが返すエラー情報とパニックというものを使います。

◆ **エラー** ....◆

　何らかの対処が必要となるエラーが発生すると、一般に関数やメソッドはエラーerror を返します（自分で作成する関数やメソッドも必要に応じてエラーを返すようにします）。

　最も典型的なエラーへの対処方法は、エラーが発生したことを標準エラー出力（os.Stderr）に出力して、回復不能なエラーである場合はプログラムを終了する方法です。

```
// ファイルを開く
f, err := os.Open(fname)
if err != nil {
    fmt.Fprintf(os.Stderr, "ファイル%sを開けません¥n", fname)
    os.Exit(1)
}
```

　プログラムの開発中などで単にエラーを調べたい場合はエラーをそのままコンソールに出力しても構いません。

```
if err != nil {
    fmt.Println(err)
}
```

　エラーのログを取って処理を続けたい場合は、ログに出力します。

```
if err != nil {
    log.Print(err)
}
```

◆ パニック ◆

プログラムの実行が続けられないような事態になると、パニックが発生します。また、異常事態が発生したことを知らせるためにコードでパニックを発生させることもできます。

```
// ファイルを開く
f, err := os.Open(fname)
if err != nil {
    panic(err)
}
```

パニックが起きて何もしないと、たとえば次のようなメッセージが出力されてプログラムが終了します。

```
panic: open sampleno.dat: The system cannot find the file specified.

goroutine 1 [running]:
main.main()
        C:/golang/sample/sample.go:34 +0x311
```

このとき、遅延された関数（defer を使って実行された関数）はプログラムが終了する前に呼び出されます。そのため、パニックに対処するコードを遅延された関数として記述しておくことでリカバーすることが可能です。リカバーするときには recover() を呼び出します。

次の例は、ゼロが入力されると整数 100 をゼロで割ろうとしてパニックが発生しますが、「安全に終了します。」と出力してプログラムを終了するようにしてあります。

リスト12.9●re_cover.go

```
// re_cover.go
package main

import (
    "fmt"
```

```
)

func main() {
    var x int

    fmt.Printf("整数>")
    fmt.Scan(&x)

    defer func() {
        p := recover()
        if p != nil {
            fmt.Println("安全に終了します。")
            return
        }
    }()

    z := 100 / x // xがゼロのときパニックが発生する

    fmt.Printf("100 / %d = %d¥n", x, z)
}
```

　もし defer で実行する関数を記述しなければ、次のメッセージを出力して異常終了します。

```
panic: runtime error: integer divide by zero

goroutine 1 [running]:
main.main()
        C:/golang/ch12/re_cover/re_cover.go:23 +0x1da
```

12.5　デバッグ

デバッグとは、プログラムの問題点を明らかにして修正する作業のことです。プログラミングにおいてデバッグは重要な技術です。

◆ デバッグの手順

デバッグは次に示すような手順で行います。

1. 状況を把握する
2. 原因を突き止める
3. プログラムを修正する

◆ 状況の把握

デバッグするときには、まず、状況を正確に把握することが大切です。当たり前のことのようですが、ときには、何かおかしいことはわかっていても、正確にどのようにおかしいのかわからない、ということがあります。たとえば、計算結果が間違っている場合でも、計算の始めから値がまったく異なる場合と、途中までは正しいがどこかで値がおかしくなる場合とでは、対処方法が異なります。あるいは、画面表示が速すぎて情報が読み取れなかったり、原因不明の問題が稀に発生したりといったこともあります。

そこで、デバッグする際には、まず、いつ、どのようなときに、何がどのようになるか、を明確にします。

◆ 原因の追求

問題の状況がわかったら、次に、その問題の原因となっているところを突き止めます。

問題の原因を突き止めるためには、ソースコードの理解が不可欠です。ソースコードの各行で何をしているのかわからない状態では問題の原因を突き止めることはできません。何かを参考にして作ったプログラムや、書籍やウェブサイトのサンプルプログラム

などを扱っているときには、プログラムの詳細を調べることなく作業しがちですが、プログラムについて詳しく理解していないとデバッグはできません。

　デバッグに、IDE やデバッガーを使っていれば、IDE のデバッグ機能やデバッガーの機能を使って問題の原因を突き止めることができます。この作業は、基本的には、どこかにブレークポイント（プログラムの実行を一時的に停止するところ）を設定し、プログラムをブレークポイントまで実行して一時的に実行を止め、そこからプログラムを 1 ステップずつ実行しながら、コードや変数の値などを追跡します。

　また、問題の原因を突き止める際に、標準出力にプログラムの各部分の状況を出力することが役立つことが良くあります。たとえば、ある関数 func() の最初に次のようなコードを記述します。

```
int funcx() {
    fmt.Println("Top of funcx()");
        ⋮
}
```

　こうすることで、その関数 funcx() が実行されたか、あるいは何回実行されたかということがわかります。

　重要な変数の値を、fmt.Println() や fmt.Printf() などを使って出力することも役立ちます。

　また、「エラー」で説明したようにしてエラー情報を出力することも役立ちます。

　ビープを鳴らすためのコードを挿入することも役立つことがあります。音が鳴ることでその部分を実行したかどうかと、実行した回数がわかります。

　音を鳴らすには、ベルの制御コード 7 を fmt.Fprintf() のような関数を使って出力する方法が最も簡単です。

```
fmt.Fprintf(os.Stdout, "¥a")
```

　システムによってはこのコードではビープ音が鳴らない設定である場合があります。特に Linux ではビープ音が鳴らない設定になっている場合が良くあります。Linux マシンでこの方法を使うときには、標準出力にベルの制御コード（¥a）を出力するとビープ音が鳴る設定になっているかどうか確認してください。

　スリープして実行を遅くすることも役立つ場合があります。そのためにはプログラムを一時停止する関数 time.Sleep() を使うことができます。

```
time.Sleep(500 * time.Millisecond)
```

こうして実行を遅らせることで問題が明確になる場合もあります。

関数を取り出して調べることも重要です。

いつもプログラム全体で検討しようとせずに、問題となっていそうな関数を取り出して、それを実行するためのテスト用の main() とデータを用意して調べる方法は、余計な手間がかかりそうですが、実際には効率的な方法です。デバッガーや IDE を使ってデバッグする場合などでも、プログラム全体を対象とするのではなく、問題となっていそうな部分だけを取り出して実行できるようにしてデバッグすると効率的です。

複数のゴルーチンを実行するプログラムの場合は、メインルーチン以外に起動するゴルーチンを一個だけにして実行して問題の原因を探すことも有効です。

◆ プログラムの修正 ◆

問題の原因が明らかになったら、コードを修正します。このとき、必要に応じて前の状態に戻れるように修正前のコードを保存しておくとよいでしょう。というのは、修正が正しい修正であるかどうかは、修正して実行してみて評価してみないとわからないことがあるからです。

修正前のコードを保存するためには、バージョン管理システムを活用する方法がありますが、単純な修正ならば、修正前のコードをコメント記号で無効にしておき、次の行に修正したコードを記述するという方法を取ることもできます。

デバッグが終了した後にはプログラムが正しく修正されたかどうか確認する必要があります。

第 12 章の練習問題はありません。

付録

 **Go 言語のインストール**

ここでは Go 言語のインストール方法とそれに関連することを説明します。

A.1 Go 言語のインストール

　Go 言語のコンパイラーなどをインストールするためには、Go 言語のサイト（golang. org）からプラットフォームに応じたファイルをダウンロードします。

　Windows ではインストーラー（.msi ファイル）がダウンロードされるので、それを実行します。

　Linux では環境に応じて適切な圧縮ファイルをダウンロードして、たとえば次のコマンドで展開します。

```
$ sudo tar -C /usr/local -xzf go1.11.2.linux-amd64.tar.gz
```

A.2 環境変数の設定

　インストールした際に環境変数 PATH に Go の実行ファイルの位置がある場所が追加されていない場合には、PATH に Go の実行ファイルの位置があるディレクトリを追加します（パスを通すといいます）。

Windows の場合は、普通は Go 言語をインストールすれば PATH が適切に設定されているでしょう。

Linux など UNIX 系 OS の場合は、必要に応じてパスを通します。通常は、~/.bash_profile の環境変数 Path の設定に Go 言語の実行ファイルのパスを追加します（一旦ログアウトしてから再度ログインすることで有効になります）。

```
export PATH=$PATH:/usr/local/go/bin
```

また、必要に応じて環境変数 GOPATH に Go 言語をインストールしたディレクトリを設定します。Windows の場合は通常は自動的に「GOPATH=C:¥Users¥*username*¥go」と設定されるはずです。

A.3　インストールの確認

正しくインストールできたかどうかは、「go version」を実行してみるとわかります。

```
C:¥Users¥notes>go version
go version go1.13.3 windows/amd64
```

また、第 1 章「はじめての Go 言語」の 1.1 節「hello プログラム」のプログラム hello.go をコンパイルして実行してみます。

Windows の場合は次のようにします。

```
C:¥Users¥notes>cd ¥golang¥ch01¥hello

C:¥golang¥ch01¥hello>go build

C:¥golang¥ch01¥hello>hello
hello, world
```

Linux の場合は次のようにします。

```
[user@localhost]$ cd /golang/ch01/hello

[user@localhost]$ go build

[user@localhost]$ ./hello
hello, world
```

A.4 パッケージのダウンロード

公開されているパッケージをダウンロードするには、「go get」コマンドを使います。たとえば、golang.org/x/net/html をダウンロードするときには次のようにします。

```
C:\Users\notes\go\src>go get golang.org/x/net/html
```

あるパス以下の全ファイルをダウンロードしたいときには「...」を指定します。たとえば、golang.org/x/ 以下のパッケージをすべてダウンロードしたいときには次のようにします。

```
C:\Users\notes\go\src>go get golang.org/x/...
```

GUI のパッケージである shiny をダウンロードしてインストールするには次のようにします。

```
C:\Users\notes\go\src>go get golang.org/x/exp/shiny/...
```

付録 β　Go 言語の主なツール

　ここでは、Go 言語でプログラムを作成する際に役立つツールを紹介します。なお、一部の高機能エディターや IDE には、これらのツールの機能をプラグインのような形式でエディターに組み込むことができるものがあります。

B.1　go

　go は Go 言語のソースプログラムをビルド（コンパイル）するなどのソースファイルに対して何らかの操作を行うコマンドです。書式は次の通りです。

```
go command [arguments]
```

　command は go に処理の方法を指示するコマンドです。

表B.1●goコマンド

コマンド	意味
bug	バグレポートを開始する
build	パッケージとそれに依存しているものをビルド（コンパイル）する
clean	オブジェクトファイルとキャッシュファイルを削除する
doc	指定したパッケージまたはシンボルに関するドキュメントを表示する
env	Goの環境情報を表示する
fix	新しいAPIを使うようにパッケージを更新する
fmt	パッケージのソースファイルの書式を「正当な」書式にする

コマンド	意味
generate	ソースを処理してGoのファイルを生成する
get	パッケージを管理する
install	パッケージをコンパイルしてインストールする
list	パッケージやモジュールのリストを出力する
mod	モジュールをメンテナンスする
run	Goプログラムをコンパイルして実行する
test	パッケージをテストする
tool	指定したgoツールを実行する
version	Goのバージョンを出力する
vet	パッケージの間違いを報告する

　コマンドの詳細は「go help command」で調べることができます。たとえば、get コマンドについてさらに詳しいことは「go help get」で調べます。

　たとえば、go install コマンドは、実行可能ファイルを生成し、$GOPATH/bin に実行可能ファイルを保存します。

　go get コマンドはパッケージ（ライブラリ）をダウンロードしてインストールするときに使うことができます。たとえば、Windows で shiny をダウンロードしてインストールするには次のようにします。

```
>go get golang.org/x/exp/shiny/...
```

　go run コマンドは、ソースファイルをビルド（コンパイル）してその場で実行するためのコマンドです。hello.go をビルドして即実行するときには次のようにします。

```
>go run hello.go
```

　go get コマンドはパッケージを取得します。たとえば「go get -u all」はすべてのパッケージを更新します。

　　go vet は、Go 言語のソースコードに対して、コンパイラーよりも詳しく厳密なチェックを行うプログラムで、静的解析ツールとも呼ばれます。たとえば、バグが発生しそうな箇所を報告します。次の形式でソースコードファイル source.go を指定して go vet を実行すると、問題が標準出力に出力されます。

```
>go vet source.go
```

　　次のようにディレクトリを指定して検査するようにすることもできます。

```
>go vet .
```

　　さらに、次のようにディレクトリの下の階層も含めて検査するようにすることもできます。

```
>go vet ./...
```

Β.2　gofmt

　　gofmt は、Go 言語のソースコードの書式を整えるツールです。インデントや「{」と「}」で囲ったブロックなどを Go 言語の「正当な」形式に整えます。

　　通常、Go 言語のインストールパッケージに含まれているので、別にインストールする必要はありません。

　　次の形式でソースコードファイル source.go を指定して gofmt を実行すると、整形されたソースコードが標準出力に出力されます。

```
>gofmt source.go
```

　出力をリダイレクトしてファイルに保存しても構いませんし、次のように -w オプションを付けて実行すると元のソースコードファイルが整形されたものに書き換えられます。

```
>gofmt -w source.go
```

β.3　goimports

　goimports は、Go 言語のソースコードの import 文を必要なものを加え不要なものを削除したうえで、書式を整えるツールです。gofmt と同様にインデントや「{」と「}」で囲ったブロックなどを Go 言語の「正当な」形式に整えます。
　Git がインストールされている環境で、次のようにしてインストールすることができます。

```
>go get golang.org/x/tools/cmd/goimports
```

　次の形式でソースコードファイル source.go を指定して goimports を実行すると、整形されたソースコードが標準出力に出力されます。

```
>goimports source.go
```

　出力をリダイレクトしてファイルに保存しても構いませんし、次のように -w オプションを付けて実行すると元のソースコードファイルが整形されたものに書き換えられます。

```
>goimports -w source.go
```

B.4　golint

golint は、Go 言語のソースコードに対して、コンパイラーよりも詳しく厳密なチェックを行うプログラムで、静的解析ツールとも呼ばれます。たとえば、適切でない書き方がされているところを報告します。

Git がインストールされている環境で、次のようにしてインストールすることができます。

```
>go get golang.org/x/lint/golint
```

次の形式でソースコードファイル source.go を指定して golint を実行すると、問題が標準出力に出力されます。

```
>golint source.go
```

次のようにディレクトリを指定して検査するようにすることもできます。

```
>golint .
```

さらに、次のようにディレクトリの下の階層も含めて検査するようにすることもできます。

```
>golint ./...
```

β.5　Git

　Git はパブリックドメインのバージョン管理システムです。バージョン管理システムは、プログラムのソースコードの変更履歴を記録して追跡することができるようにします。加えて、いくつかのツールをインストールする際に必要になる場合があります。。

　下記のサイトから Git をダウンロードしてインストールします。

```
https://git-scm.com/downloads
```

付録 C　Go 言語の シンプルリファレンス

　ここでは、本書の範囲でプログラミングを行うことを主な目的として、言語仕様のうち主なものを簡潔に説明します。ここに記載したものは本書の範囲内のことがらを簡潔に説明したものであり、仕様の完全な説明ではありません。Go 言語の仕様について詳しくは Go 言語のドキュメントを参照してください。

C.1　概要

　ここでは一覧表で見るとわかりやすいことをまとめて示します。

データ型

　Go 言語では、整数や浮動小数点数、複素数などの数を使うことができます。表 C.1 に主なデータ型を示します。

表C.1 ●Go言語のデータ型

種類	型名	範囲
真偽値	bool	真(true)または偽(false)を表す。
整数	uint8	0〜255(8ビット)
整数	uint16	0〜65535(16ビット)
整数	uint32	0〜4294967295(32ビット)
整数	uint64	0〜18446744073709551615(64ビット)
整数	uint	32ビット処理系ならばuint32、64ビット処理系ならばuint64

種類	型名	範囲
整数	uintptr	ポインターを表すのに十分なサイズの符号なし整数（システム依存）
整数	int8	-128〜127（8ビット）
整数	int16	-32768〜32767（16ビット）
整数	int32	-2147483648〜2147483647（32ビット）
整数	int64	-9223372036854775808〜9223372036854775807（64ビット）
整数	int	32ビット処理系ならばint32、64ビット処理系ならばint64
整数	byte	バイト値を表す整数。uint8の別名
整数	rune	Unicodeのコードポイントを表現する整数。uint32の別名
実数	float32	±1.1754944E-38〜3.4028235E+38（32ビット単精度）
実数	float64	±2.22507E-308〜1.79769E+308（64ビット倍精度）
複素数	complex64	float32の実数部と虚数部を持つ複素数
複素数	complex128	float64の実数部と虚数部を持つ複素数
文字列	string	

演算子

Go 言語の演算子には下記に示すような演算子があります。

表C.2●二項演算子

演算子	説明	例
+	右辺と左辺を可算する。文字列の場合は結合する。	a + b
-	左辺から右辺を減算する。	a - b
*	右辺と左辺を乗算する。	a * b
/	左辺を右辺で除算する。	a / b
%	左辺を右辺で除算した余りを計算する。	a % b
&	左辺と右辺の各ビットの論理積を計算する。	a & b
|	左辺と右辺の各ビットの論理和を計算する。	a | b
^	左辺と右辺の各ビットの排他的論理和を計算する。	a ^ b
&^	左辺と右辺の各ビットの論理積の否定を計算する。	a &^ b

演算子	説明	例
<<	右辺の値分、左辺を算術左シフトする。	a << b
>>	右辺の値分、左辺を算術右シフトする。	a >> b

　これらの演算子はすべて後ろに「=」を付けることで計算と代入を同時に行うことができます。たとえば、「a += 1」はaの値を1だけ増やします。

表C.3●単項演算子

演算子	説明	例
+	右辺を0に足し合わせた値を得る。	+5
−	右辺を0から引いた値を得る。	−5
^	右辺の各ビットの否定を計算する。	^5

　Go言語では、右辺または左辺に1を加算する「++」や、右辺または左辺から1を減算する「−−」はステートメントです。「++」および「−−」には前置・後置の2種類があります。前置の場合は値を評価する前に式全体を評価し、後置の場合は値を評価してから式全体を評価します。

表C.4●比較演算子

演算子	説明	例
==	左辺と右辺が等しければtrue	a == b
!=	左辺と右辺が異なればtrue	a != b
<	左辺が右辺より小さければtrue	a < b
<=	左辺が右辺より小さいか等しければtrue	a <= b
>	左辺が右辺より大きければtrue	a > b
>=	左辺が右辺より大きいか等しければtrue	a >= b

表C.5●論理演算子

演算子	説明	例
&&	左辺と右辺の論理積を得る。	a && b
||	左辺と右辺の論理和を得る。	a || b
!	右辺の否定を得る。	!a

表C.6●アドレス演算子

演算子	説明	例
&	右辺の変数のアドレスを得る。	&a
*	右辺の変数に格納されたアドレスを解決する。	*a

表C.7●送受信演算子

演算子	説明	例
<-	左辺のチャンネルへ右辺の値を送信する。	ch <- a
<-	右辺のチャンネルから値を受信する。	a = <- ch

表C.8●代入演算子

演算子	説明	例
=	左辺の変数へ右辺の値を代入する。	a = b
:=	左辺の変数を定義し、右辺の値で初期化する。	a := b

「:=」演算子は左辺の変数が定義済みの場合は使えません。

二項演算子の結合順序

演算子には優先度が設定されており、数字が大きいほど先に評価されます。

表C.9●演算子の優先度

優先度	演算子
5	* / % << >> & &^
4	+ - | ^
3	== != < <= > >=
2	&&
1	||

C.2 主な要素のリファレンス

ここでは記号に続けてアルファベット順で Go 言語の主な要素を簡潔に説明します。

:=

ローカル変数を定義して代入します。

次の例は、1から9までの2乗の値を出力するコードの例です。i はこのループの中だけで有効です。

```
for i := 1; i < 10; i++ {
    fmt.Printf("%dの2乗は%d¥n", i, i*i)
}
```

_

ブランク識別子。戻り値や変数などを使わない（破棄すること）を意味します。

次の例は繰り返しの回数を意味する値が必要ない場合にアンダーバーにして破棄する例です。

```
for _, v := range []string{"りんご", "みかん", "バナナ"} {
    fmt.Println(v)
}
```

A

append()　　スライスの要素を追加する

スライスには append() を使って要素を追加します。append() の戻り値に要素が追加されたスライスが返されるので、典型的には次のように append() の結果を代入します。

```
var a = []int{}
a = append(a, 123)
```

これが実行されると、a は長さが 1 で容量が 1 のスライスになります。

B

bool　真偽値を表すデータ型

真偽値（真（true）または偽（false））を表すデータ型です。

break　ループや switch からの脱出

break は、for ループや switch から抜け出る時に使います。

次の例は for ループから抜け出るために break を使う例です。

```
for i := 0; i < 10; i++ {
    if i%3 == 2 {
        break
    } else {
        fmt.Println(i)
    }
}
```

ラベルを使いたいときには次のようにします。

```
ROOP_END:
    for i := 0; i < 10; i++ {
        if i%3 == 2 {
            break ROOP_END
        } else {
            fmt.Println(i)
        }
    }
}
```

byte　8 ビット符号なし整数を表すデータ型

8 ビット整数を表すデータ型で、値の範囲は値の範囲は 0 ～ 255 です。

C

cap()　容量を返す

スライスの容量（capacity）を返します。

次のコードを実行すると、size=2、cap=2 が出力されます。

```
var a = []int{}

a = append(a, 123)
a = append(a, 456)

fmt.Printf("size=%d¥n", len(a))
fmt.Printf("cap=%d¥n", cap(a))
```

close()　チャンネルへの送信を閉じる

　チャンネルを使ったデータの送受において、チャンネル ch に以降値が送信されないようにしたいときには close(ch) を使います。

complex64　64 ビット複素数を表すデータ型

　float32 の実数部と虚数部を持つ複素数

complex128　128 ビット複素数を表すデータ型

　float64 の実数部と虚数部を持つ複素数

const　定数を宣言する

キーワード const を使って定数を定義することができます。

```
const maxvalue = 9999
```

定数を定義した後で値を代入したり変更することはできません。

continue　以降の処理を飛ばす

　continue は、それ以降の処理を飛ばしてループの最後にジャンプし、処理をさらに継続します。

次の例は、2で割った余りが1である場合はループの最後にジャンプし、そうでなければ値を出力することによって偶数だけを出力するコードの例です。

```
for i := 0; i < 10; i++ {
    if i%2 == 1 {
        continue // ループの最後にジャンプする
    }
    fmt.Println(i)
}
```

copy()　スライスの要素をコピーする

関数 copy() はスライスの要素は別のスライスにコピーします。

```
// スライスのベースとなる配列を作る
var a = [...]int{1, 3, 5, 7, 9}
// スライスを作る
var s = a[0:4]

// make()でスライスを作る
var d = make([]int, 5, 20)

copy(d, s) // スライスをコピーする
```

D

defer　遅延実行する

キーワード defer を使って特定の処理を関数の一番最後に実行するようにすることができます。

次の例は、ファイルを開いた直後に defer でファイルを閉じることを指示することで、ファイルが確実に閉じるようにする例です。

```
func filewrite() {
    // ファイルを開く
    file, err = os.Create(fname)

    // 遅延実行でファイルを閉じる
    defer file.Close()
```

```
    if err != nil {
        _ = fmt.Errorf("%sを開けません。", fname)
        return        // ここでfile.Close()が実行される
    }

    （ファイルを使う）

}   // ここでfile.Close()が実行される
```

なお、os.Exit() を使ってプログラムを終了した場合は遅延実行されません。

delete()　　要素を削除する

delete(c, k) はマップのようなコンポジット型 c から要素 k を削除します。

E

Exit()　　プログラムを終了する

os.Exit(n) はプログラムを終了させます。

F

false　　偽を表す値

真偽値の偽を表す値です。

float32　　32 ビット実数データ型

8 ビット浮動小数点数を表すデータ型で、値の範囲は ± 1.1754944E–38 〜 3.4028235E+38 です。

float64　　64 ビット実数データ型

8 ビット浮動小数点数を表すデータ型で、値の範囲は ± 2.22507E–308 〜 1.79769E+308 です。

fmt.Fscanf()　文字列を入力する

書式に従ってキーボードから値を入力します。

```
fmt.Fscanf(file, format, v1, v2, v3 ...)
```

file は入力するファイルです。*format* は書式の文字列です。*v1*、*v2*、*v3*、……は入力された値を保存するための変数です。

file には os.Stdin（標準入力）を指定することができます。

fmt.Fprintf()　書式を指定して出力する

書式を指定して標準出力に出力します。

```
func Fprintf(file, format, v1, v2, v3 ...)
```

file は出力するファイルです。*format* は書式、*v1*、*v2*、*v3*、……は出力する値です。

file には os.Stdout（標準出力）や os.Stderr（標準エラー出力）を指定することができます。

fmt.Printf()　書式を指定して出力する

書式を指定して標準出力に出力します。

```
func Printf(format, v1, v2, v3 ...)
```

format は書式、*v1*、*v2*、*v3*、……は出力する値です。

fmt.Println()　引数の値を出力して改行する

Go 言語の形式で値を標準出力に出力して改行します。

```
func Println(v1, v2, v3 ...)
```

v1、*v2*、*v3*、……は出力する値です。出力される時に、値の間に空白が 1 つ挿入されます。

fmt.Scan()　　文字列を入力する

キーボードから値を入力します。

```
fmt.Scan(&variable)
```

variable は入力された値を保存するための変数です。

fmt.Scanf()　　文字列を入力する

書式に従ってキーボードから値を入力します。

```
fmt.Scanf(format, &v1, &v2, &v3 ...)
```

format は書式の文字列です。*v1*、*v2*、*v3*、……は入力された値を保存するための変数です。

for　　繰り返しの制御文

for は、何らかの作業を繰り返して実行したいときに使います。

for の基本的な使い方は次の書式で使う方法です。

```
for [init-expr ;] cond-expr [; loop-expr] {
    stat
}
```

init-expr は初期化式、*cond-expr* はループの終了を判定する式、*loop-expr* は繰り返しごとに評価する式、*stat* は繰り返し実行するステートメントです。

次の例は、1 から 9 までの 2 乗の値を出力するコードの例です。

```
for i := 1; i < 10; i++ {
    fmt.Printf("%dの2乗は%d¥n", i, i*i)
}
```

for 文と range を使ってコレクションにあるすべての要素に対して繰り返しステートメントを実行することもできます。次の例は曜日のコレクションに対して Printf() を

繰り返し実行する例です。

```
dayOfWeeks := [...]string{"日", "月", "火", "水", "木", "金", "土"}

for arrayIndex, dayOfWeek := range dayOfWeeks {
    fmt.Printf("%d番目の曜日は%s曜日です。\n", arrayIndex + 1, dayOfWeek)
}
```

func　関数を宣言する

func は関数を宣言します。

関数の書式は次の通りです。

```
func name([args]) [(returns)] {
    statement
}
```

name は関数の名前、args は関数の引数、returns は関数の戻り値、statement はその関数で実行する文です。

次の例は引数のない関数 main() と引数がある関数 SayHello() の例です。

リストC.3●sample.go

```go
// sample.go
package main

import "fmt"

func main() {
    SayHello("椀子犬太")
}

// SayHello - 挨拶する関数
func SayHello(name string) {
    fmt.Printf("Hello, %s\n", name)
}
```

引数と戻り値のある関数は次のように書きます。

リストC.4●sample.go

```go
// sample.go
package main

import "fmt"

func main() {
    var val = Total(1, 3, 5, 7, 9)
    fmt.Printf("合計は%d¥n", val)
}

// Total - 合計を計算する関数
func Total(values ...int) int {
    sum := 0
    for _, value := range values {
        sum += value
    }
    return sum
}
```

G

GOPATH　　Go 言語のプログラムのパス

Go 言語のソースプログラム、パッケージ、実行可能ファイルを検索するパスです。

GOPATH のサブディレクトリにパッケージのソースファイルを保存すると、それをインポートするプログラムをビルドする際に検索できるようになります。

goto　　指定した場所にジャンプする

goto は指定した場所に無条件にジャンプします。

次の例は goto を使ってループを抜けるコードの例です。

```go
func main() {
    for i := 0; i < 10; i++ {
```

```
        fmt.Println(i)
        if i%3 == 2 {
            goto LABEL // LABELにジャンプする
        }
    }
}
LABEL:
}
```

if　条件判断の制御文

if 文は条件式を評価した結果に応じて実行するステートメントを決定します。書式は次の通りです。

```
if expr {
    stat_true
} else {
    stat_false
}
```

expr は条件式、*stat_true* は条件式が真の場合に実行するステートメント、*stat_false* は条件式が偽の場合に実行するステートメントです。else 以降は省略することができます。

次の例は hour の値に従って午前か午後かを表示するコードの例です。

```
if hour >= 0 && hour < 12 {
    fmt.Println("午前中")
} else {
    fmt.Println("午後")
}
```

import　パッケージをインポートする

パッケージをインポートします。

```
import "fmt"
```

複数のパッケージをインポートする場合は、import 文を複数行続けるのではなく、1 つの import 文でインポートするパッケージ名を () で囲む方法が推奨されています。

```
import (
    "fmt"
    "utils"
)
```

パッケージをインポートする際に、パッケージに別名を付けることができます。次の例は長いパッケージ名に短い別名を付ける例です。

```
import utils "mylongnameutils/longlongutils"
```

別名として「.」を指定したパッケージは、関数を呼び出すときや定数を参照する際などにパッケージ名を省略することができます（非推奨）。

int　　符号付き整数データ型

符号付き整数を表すデータ型で、32 ビットシステムの場合は int32 と同じ、64 ビットシステムの場合は int64 と同じです。

int()　　int 型への型変換

次の書式で使って *exp* の値を int に変換します。

```
int( exp )
```

int8　　8 ビット符号付き整数データ型

8 ビット符号付き整数を表すデータ型で、値の範囲は–128 ～ 127 です。

int16　　16 ビット符号付き整数データ型

16 ビット符号付き整数を表すデータ型で、値の範囲は–32768 ～ 32767 です。

int32　　32 ビット符号付き整数データ型

32 ビット符号付き整数を表すデータ型で、値の範囲は –2147483648 ～ 2147483647 です。

int64　64 ビット符号付き整数データ型

64 ビット符号付き整数を表すデータ型で、値の範囲は–9223372036854775808 〜
9223372036854775807 です。

iota　定数生成器

定数定義で使い、定数値として iota を記述すると、その後の定数には 1 から昇順に
値が設定されます。次の例では、7 個の定数 Sun = 0、Mon = 1、Tue = 2、……、Fri = 5、
Sat = 6 に値がセットされます。

```
// 週日の定数
const (
    Sun int = iota
    Mon
    Tue
    Wed
    Thu
    Fri
    Sat
)
```

L

len()　要素数を返す

配列やスライスなどのコンポジット型の値の要素数を返します。

次のコードを実行すると、size=2、cap=2 が出力されます。

```
var a = []int{}

a = append(a, 123)
a = append(a, 456)

fmt.Printf("size=%d¥n", len(a))
fmt.Printf("cap=%d¥n", cap(a))
```

M

make()　コンポジット型やチャンネルを作成する

スライスやマップのようなコンポジット型の値またはチャンネルを作成します。

```
make(T, [n, [m]])
```

T は作成する型です。

スライスの場合、*n* は長さ *m* は容量です。

マップの場合、*n* は要素の初期容量です。

チャンネルの場合、*n* を指定しないと同期チャンネルが作成され、*n* を指定するとバッファーサイズが *n* である *T* 型の非同期チャンネルが作成されます。

N

nil　値がない状態を指す値

nil は、値がない状態を指す値です。VB の Nothing、C 言語の NULL や Java の null に相当します。

R

range　コレクションの範囲を表す

for 文と range を使ってコレクションにあるすべての要素に対して繰り返しステートメントを実行することもできます。次の例は曜日のコレクションに対して Printf() を繰り返し実行する例です。

```
dayOfWeeks := [...]string{"日", "月", "火", "水", "木", "金", "土"}

for arrayIndex, dayOfWeek := range dayOfWeeks {
    fmt.Printf("%d番目の曜日は%s曜日です。¥n", arrayIndex + 1, dayOfWeek)
}
```

rune　32 ビット符号なし整数を表すデータ型

32 ビット整数を表すデータ型で、値の範囲は 0 〜 4294967295 です。uint32 の別名です。

S

select　通信可能な集合の中から実行可能なものを選択する

チャンネルを使った通信で、通信可能な集合の中から実行可能なものを選択します。case 文は受信にも送信にも使います。

```
select {
case v1 = <-ch1:
    // ch1から受け取ったv1に保存され値を使う。
case ch2 <- v2:
    // ch2に値v2を送信する。
default:
    // 通信がない状態
}
```

string　文字列を表すデータ型

1 文字以上の文字列を表します。

struct　構造体を宣言する

struct は構造体を宣言します。

次の例は X と Y というメンバーからなる場所を示す構造体 Position の例です。

リストC.5●sample.go

```
// sample.go
package main

import "fmt"

// Position - 場所を示す構造体
type Position struct {
```

```
    X int
    Y int
}

func main() {
    var pos Position

    pos.X = 200
    pos.Y = 150
    fmt.Println(pos)
}
```

switch　値に応じて処理を切り替える制御文

switch 文は式の値に応じて処理を切り替えます。書式は次の通りです。

```
switch expr {
case const-expr :
    stat
    [ fallthrough ]
default:
    default-stat
}
```

expr は処理を切り替える条件となる式、*const-expr* はその後の *stat* を実行するときの値、*stat* は実行するステートメント、*default-stat* は *expr* がどの *const-expr* とも一致しないときに実行するステートメントです。「case *const-expr* : *stat*」は何組あっても構いません。「default: *default-stat*」は省略しても構いません。*fallthrough* を記述すると、次の case または default のコードも実行します。

次の例は n の値に応じて出力を変える例です。

```
switch n {
case 0:
    fmt.Println("結果はゼロ")
case -1:
    fmt.Println("エラー")
default:
```

```
    fmt.Println("正常")
}
```

expr を省略して *const-expr* に式を書いても構いません。

次の例は case 文の後の式で評価する例です。

```
hour := time.Now().Hour()
switch {
case hour >= 0 && hour < 12:
    fmt.Println("午前です。")
default:
    fmt.Println("午後です。")
```

T

time.Sleep()　　指定した時間だけスリープする

time.Sleep() は指定した時間だけ待ちます（スリープします）。

次の例は 10 ミリ秒待ちます。

```
time.Sleep(10 * time.Millisecond)
```

true　　真を表す値

真偽値の真を表す値です。

type　　型の宣言

type で型を宣言することができます。

```
type newType existType
```

新しい型 *newType* を既存の型 *existType* と同じ型として宣言します。

この型宣言を使うことで、プログラムが読みやすくなることが期待できます。

次の例は「type Age int」で宣言した Age という型を使う例です。

```
package main
```

```
import "fmt"

type Age int

func main() {
    var myAge Age = 23
    fmt.Printf("年齢は%d歳です。¥n", myAge)
}
```

　宣言した型の値に作用する関数のレシーバーを記述することができます。これは、型宣言によって新たに宣言した型に対して、関数を関連付けることを意味します。次の例では、それ自身の値を表示する関数 Show を Age 型に関連付けています。

```
type Age int

func (s Age) Show() { fmt.Printf("年齢は%d歳です。¥n", s) }

func main() {
    var myAge Age = 23
    myAge.Show()
}
```

U

uint　　符号なし整数データ型

　符号なし整数を表すデータ型で、32 ビットシステムならば uint32 と同じ、64 ビットシステムなら uint64 と同じです。

uint16　　16 ビット符号なし整数データ型

　16 ビット符号なし整数を表すデータ型で、値の範囲は 0 ～ 65535 です。

uint32　　32 ビット符号なし整数データ型

　32 ビット符号なし整数を表すデータ型で、値の範囲は 0 ～ 4294967295 です。

uint64　64ビット符号なし整数データ型

64ビット符号なし整数を表すデータ型で、値の範囲は0～18446744073709551615です。

uint8　8ビット符号なし整数データ型

8ビット符号なし整数を表すデータ型で、値の範囲は0～255です。

uintptr　ポインターデータ型

ポインターを表すのに十分なサイズの符号なし整数で、システムに依存します。

V

var　変数を宣言する

varに続けて変数名を書き、その後ろに型名を置きます。

```
var num int
```

変数の宣言と同時に初期化を行う場合は型を省略することができます。

```
var max = 99
```

関数の中だけで有効なローカル変数を宣言して「:=」演算子を使って代入する場合にはvarは必要ありません。

```
i := 0
```

付録 D　トラブル対策

ここでは発生しがちなトラブルとその対策を説明します。

D.1　コンパイル時のトラブル

- go がないと報告される
  - □ Go 言語がインストールされていません。インストールしてください。
  - □ Go 言語がインストールされているものの、go があるディレクトリへのパスが設定されていません。環境変数 Path に go があるディレクトリへのパスを追加してください。

- go build でビルドできない
  - □ 複数のソースファイルをコンパイルするときには、たとえば次のようにソースファイルをすべて指定してください。

  ```
  go build main.go util.go
  ```

D.2 コンパイルエラー

ここでは、コンパイル時のエラーとその対処について説明します。エラーメッセージ
はバージョンによって多少異なる場合があります。

- 「assignment mismatch: *n* variables but *xxx.yyy* returns *m* values」
  と報告される
  - □ 関数から返される値の数と代入する変数の数が違います。xxx.yyy() は *m* 個の
    値を返すのに、*n* 個の変数に代入しようとしています。

- 「cannot define new methods on non-local type *type*」と報告される
  - □ 非ローカルな *type* 型（たとえば int）に対して新しいメソッドを定義すること
    はできません。type を使って独自の型を定義してください。

- 「index out of range [0] with length 0」と報告される
  - □ 長さがゼロのスライスには値を保存できません。append() で要素を追加してく
    ださい。

- 「invalid identifier character U+3000」と報告される
  - □ 空白（スペース）にいわゆる全角の空白が使われています。いわゆる半角のス
    ペースに変更してください。

- 「invalid operation: *expr* (operator *x* not defined on *type*)」と報告
  される
  - □ 型 *type* に式 *expr* の中で使っている演算子 *x* は定義されていません。式 *expr*
    を変更してください。

- 「invalid operation: *expr* (non-numeric type *int)」と報告される
  - □ ポインター変数を演算することはできません。

- 「no new variables on left side of :=」と報告される
  - □「:=」で既に定義済みの変数に代入しようとしています。「:=」ではすでにある変数には代入できません。

- 「undefined: *xxx*」と報告される
  - □ スペルを間違えている可能性があります。正しく入力したかどうかチェックしてください。

- 「import "*xxx*"」がないと報告される
  - □ プログラムの前のほうに「import "*xxx*"」を追加してください。

D.3　実行時のトラブル

ここでは、プログラム実行時の問題とその対処について説明します。

- (MISSING) と表示される
  - □ fmt.Formatf() の引数の値が足りないなど、実行時に値の数が足りないとこのメッセージが出力されます。

- 出力の順番が予期したのとは違う
  - □ ゴルーチンの実行順序はシステムに依存します。
  - □ 標準出力への出力はバッファー付き出力なので、順番が変わることがあります。順番通りに確実に出力したいときには出力をフラッシュしてください。

- ファイルに書き込めない
  - □ ディレクトリ（フォルダー）または既存のファイルの属性が書き込み禁止になっていないか調べてください。

- ファイルを読み込めない

  □ 読み込むファイルが適切な場所に存在しているかどうか調べてください。

  □ ファイルの属性を調べて読み込みが可能かどうか確認してください。

- ネットワーク接続ができない

  □ システムのアンチウィルスプログラムがポートへの接続を制御している場合は、そのポートでの接続を許可してください。

  □ システムの設定でプログラムの中で指定したポート番号を閉じている場合はポートを開いてください。

練習問題の解答例

　ここでは練習問題の解答例を示します。プログラムを作る課題では、要求されたことを実現するための方法が 1 つではなく、異なる書き方であっても要求されたことが実現されていれば正解です。

第 1 章の解答例

1.1 と **1.2** は省略。

1.3
```go
// q1_3.go
package main

import "fmt"

func main() {
    fmt.Println("私の氏名は椀子犬太です。")
}
```

第 2 章の解答例

2.1
```go
// q2_1.go
package main

import "fmt"

func main() {
    var a float32 = 2.2
```

```
        fmt.Println(a)
        c := a * 3.3
        fmt.Println(c)
    }
```

2.2

```
// q2_2.go
package main

import "fmt"

func main() {
    fmt.Println("商=", 78/7)
    fmt.Println("余り=", 78%7)
}
```

2.3

```
// q2_3.go
package main

import "fmt"

func main() {
    var a = 12.3
    var b = 23.4

    fmt.Println("a==b ", a == b)
    fmt.Println("a>b ", a > b)
    fmt.Println("a<b ", a < b)
}
```

第 3 章の解答例 ....

3.1

```
// q3_1.go
package main

import "fmt"
```

```
func main() {
    var name string
    fmt.Printf("名前:")
    fmt.Scan(&name)
    fmt.Printf("%sさん、こんにちは", name)
}
```

3.2

```go
// q3_2.go
package main

import "fmt"

func main() {
    var n1, n2 int

    fmt.Printf("整数を入力してください：")
    fmt.Scan(&n1)

    fmt.Printf("整数を入力してください：")
    fmt.Scan(&n2)

    fmt.Printf("%d + %d = %d¥n", n1, n2, n1+n2)
}
```

3.3

```go
// q3_3.go
package main

import (
    "fmt"
    "os"
    "strconv"
)

func main() {
    if len(os.Args) < 3 {
        fmt.Println("引数を2個指定してください。")
        os.Exit(1)
    }
```

```go
    var x, y float64
    x, _ = strconv.ParseFloat(os.Args[1], 64) // float64
    y, _ = strconv.ParseFloat(os.Args[2], 64) // float64
    fmt.Printf("%f + %f = %f¥n", x, y, x+y)
}
```

第4章の解答例

4.1

```go
// q4_1.go
package main

import "fmt"

func main() {
    var x int

    fmt.Printf("整数を入力してください：")
    fmt.Scan(&x)

    if x%2 == 0 {
        fmt.Printf("%dは偶数です。", x)
    } else {
        fmt.Printf("%dは奇数です。", x)
    }
}
```

4.2

```go
// q4_2.go
package main

import "fmt"

func main() {
    var n int

    fmt.Printf("整数を入力してください：")
    fmt.Scan(&n)
```

```
    switch {
    case n == 0:
        fmt.Printf("%dはゼロです。¥n", n)
    case n < 0:
        fmt.Printf("%dは負の数です。¥n", n)
    case n > 9:
        fmt.Printf("%dは10以上の正の数です。¥n", n)
    default:
        fmt.Printf("%dは10未満の正の数です。¥n", n)
    }
}
```

4.3

```
// q4_3.go
package main

import "fmt"

func main() {
    var n int

    fmt.Printf("整数を入力してください：")
    fmt.Scan(&n)

    var v = 1
    for i := 2; i <= n; i++ {
        v = v * i
    }
    fmt.Printf("%dの階乗は%d¥n", n, v)
}
```

第 5 章の解答例

5.1

```
// q5_1.go
package main

import "fmt"
```

```go
func main() {
    // make()でスライスを作る
    var c = make([]string, 5, 20)

    c[0] = "大山海子"
    c[1] = "米田寿三郎"
    c[2] = "古川権助"
    c[3] = "吉田レン"
    c[4] = "James Hotig"
    fmt.Println(c) // スライス全体を出力する
}
```

5.2

```go
// q5_2.go
package main

import "fmt"

func main() {
    // マップリテラルからマップを作る
    var m = map[string]string{
        "Z01245": "Pochi@wanwan.cam",
        "P23565": "Kenta@norin.gov.jp",
        "S89255": "Yoshi@norin.gov.jp",
        "A00125": "Sally@dondon.cs.jp",
        "B56312": "Tommy@wanwan.dog"}

    for id, email := range m {
        fmt.Printf("%6s %s¥n", id, email) // マップ全体を出力する
    }
}
```

5.3

```go
// q5_3.go
package main

import "fmt"

// Coordinate struct - 3次元座標の構造体
```

```
type Coordinate struct{ x, y, z int }

func main() {
    // 構造体のデータを作成する
    var pos = Coordinate{256, 186, 457}

    fmt.Printf("x=%d y=%d z=%d¥n", pos.x, pos.y, pos.z)
}
```

第6章の解答例

6.1

```
// q6_1.go
package main

import (
    "fmt"
    "strings"
)

func main() {
    var s string
    fmt.Printf("文字列を入力してください:")
    fmt.Scan(&s)

    fmt.Println(strings.Repeat(s, 3))
}
```

6.2

```
// q6_2.go
package main

import (
    "fmt"
    "math"
)

func main() {
    var x float64
```

```
        fmt.Printf("実数を入力してください:")
        fmt.Scan(&x)

        fmt.Printf("%fを四捨五入した結果は%f¥n", x, math.Round(x))
        fmt.Printf("%fを切り捨てた結果は%f¥n", x, math.Floor(x))
}
```

6.3

```
// q6_3.go
package main

import "fmt"

// 和と差を返す関数
func wasa(n1, n2 int) (int, int) {
    wa := n1 + n2
    sa := n1 - n2
    if sa < 0 {
        sa *= -1
    }
    return wa, sa
}

func main() {
    var x, y int
    fmt.Printf("2個の整数を入力してください:")
    fmt.Scanf("%d %d", &x, &y)

    wa, sa := wasa(x, y)

    fmt.Printf("%dと%dの和は%d¥n", x, y, wa)
    fmt.Printf("%dと%dの差は%d¥n", x, y, sa)
}
```

第 7 章の解答例

7.1

```go
// q7_1.go
package main

import (
    "fmt"
    "math"
)

// Point 型の定義
type Point struct{ X, Y float64 }

// Distance - 2点間の距離を求めるメソッド
func (p Point) Distance(q Point) float64 {
    return math.Hypot(p.X-q.X, p.Y-q.Y)
}

func main() {
    p1 := Point{5.0, 5.0}
    p2 := Point{8.0, 9.0}

    fmt.Printf("%vと%vの距離は%f¥n", p1, p2, p1.Distance(p2))
}
```

7.2

```go
// q7_2.go
package main

import (
    "fmt"
)

// String 型の定義
type String string

// StrCat - 空白を入れて文字列をつなげるメソッド
func (s String) StrCat(ss String) String {
    if len(s) < 1 {
```

```
        return ss
    }
    return s + " " + ss
}

func main() {
    words := [...]String{"I", "am", "a", "Dog"}
    // 空白を入れて文字列を連結する
    var txt String
    for _, s := range words {
        txt = txt.StrCat(s)
    }
    fmt.Println(txt)
}
```

7.3

```
// q7_3.go
package main

import (
    "fmt"
    "math"
)

// Shape - 図形のインターフェース
type Shape interface {
    Area() float64
}

// Circle - 円の構造体
type Circle struct {
    r float64
}

// Area - 円の面積を返す
func (c *Circle) Area() float64 {
    return c.r * c.r * math.Pi
}

// Rectangle - 矩形の構造体
```

```go
type Rectangle struct {
    h float64
    w float64
}

// Area - 矩形の面積を返す
func (r *Rectangle) Area() float64 {
    return r.h * r.w
}

func main() {
    // 円と矩形を作る
    c1 := &Circle{5.0}
    r1 := &Rectangle{3.4, 4.0}

    // 円と矩形のスライスを作る
    Shapes := [...]Shape{c1, r1}
    // 円と矩形の面積を出力する
    for _, a := range Shapes {
        switch a.(type) {
        case *Circle:
            fmt.Printf("円の面積=%5.2f¥n", a.Area())
        case *Rectangle:
            fmt.Printf("矩形の面積=%5.2f¥n", a.Area())
        }
    }
}
```

第 8 章の解答例

8.1

```go
// q8_1.go
package main

import (
    "fmt"
    "time"
)

func main() {
```

```go
    // チャンネルを作る
    done := make(chan bool, 2)

    // ゴルーチンで"+"を出力する
    go func() {
        for i := 0; i < 10; i++ {
            time.Sleep(10 * time.Millisecond)
            fmt.Printf("+")
        }
        done <- true // 終わったらtrueを送る
    }()

    // ゴルーチンで"-"を出力する
    go func() {
        for i := 0; i < 10; i++ {
            time.Sleep(10 * time.Millisecond)
            fmt.Printf("-")
        }
        done <- true // 終わったらtrueを送る
    }()

    _, ok := <-done // trueが送られるのを待って受け取る

    fmt.Printf("%v\n", ok)
}
```

8.2

```go
// q8_2.go
package main

import (
    "fmt"
    "time"
)

func main() {
    // ゴルーチンでベル音を出力する
    go func() {
        for i := 0; i < 10; i++ {
            time.Sleep(1 * time.Second)
```

```
                fmt.Printf("¥a")
            }
        }()

        fmt.Printf("整数を入力してください（終了は0）:")
        var val int
        for {
            fmt.Printf("===>")
            fmt.Scan(&val)
            if val == 0 {
                break
            }
            fmt.Printf("%dの2乗は%d¥n", val, val*val)
        }
    }
```

8.3

```
// chan.go
package main

import (
    "fmt"
    "strings"
)

func main() {
    // チャンネルを作る
    str := make(chan string)

    // ゴルーチンで単語を大文字に変換する
    go func() {
        for {
            s, _ := <-str // 文字列が送られるのを待って受け取る
            fmt.Printf("%s¥n", strings.ToUpper(s))
        }
    }()

    fmt.Println("単語を入力してください（終了は¥"quit¥"）")
    var s string
    // 単語を受け取る
```

```
    for {
        fmt.Scan(&s)
        if s == "quit" {
            break
        }
        str <- s // 文字列を送る
    }
}
```

第9章の解答例

9.1

```go
// q9_1.go
package main

import (
    "bufio"
    "fmt"
    "os"
)

func main() {
    if len(os.Args) < 2 {
        fmt.Println("引数としてファイル名を指定してください。")
        os.Exit(1)
    }
    fname := os.Args[1]

    // ファイルを開く
    f, err := os.Open(fname)
    if err != nil {
        panic(err)
    }
    defer f.Close()

    // ファイルからの読み込み
    count := 0
    sc := bufio.NewScanner(f)
    for sc.Scan() {
        if err := sc.Err(); err != nil {
```

```
            _ = fmt.Errorf("%sを読み込めません", fname)
            break
        }
        count++
    }
    fmt.Printf("%sの行数は%d行¥n", fname, count)
}
```

9.2

```go
// q9_2.go
package main

import (
    "bufio"
    "fmt"
    "os"
)

func main() {
    var err error
    if len(os.Args) < 2 {
        fmt.Println("引数としてファイル名を指定してください。")
        os.Exit(1)
    }
    fname := os.Args[1]

    // ファイルを開く
    file, err := os.Create(fname)
    if err != nil {
        _ = fmt.Errorf("%sを開けません。", fname)
    }

    var sc = bufio.NewScanner(os.Stdin)
    var txt string
    for {
        fmt.Printf("終了は (quit) :")
        if sc.Scan() {
            txt = sc.Text()
        }
        if txt == "quit" {
```

```
            break
        }
        txt += "¥n" // 改行を追加する
        file.Write(([]byte)(txt))
    }
    // ファイルを閉じる
    file.Close()
}
```

9.3

```go
// q9_3.go
package main

import (
    "fmt"
    "log"
    "os"
)

type dog struct {
    name  string
    age   int
    color string
}

func main() {
    fname := "dogs.csv"
    dogs := [...]dog{{"Pochi", 7, "ゴールデン"},
        {"Kenta", 6, "薄茶"},
        {"太郎", 5, "白"}}

    // ファイルを開く
    file, err := os.OpenFile(fname, os.O_RDWR|os.O_CREATE, 0666)
    if err != nil {
        log.Fatal(err)
    }

    // ファイルに書き込む
    for _, dog := range dogs {
        fmt.Fprintf(file, "%s,%d,%s¥n", dog.name, dog.age, dog.color)
```

```
        }

        // ファイルを閉じる
        file.Close()
}
```

第 10 章の解答例

10.1

```
// q10_1.go
package main

import (
    "bufio"
    "fmt"
    "log"
    "net"
    "strings"
    "time"
)

// 接続を処理する
func handleConn(c net.Conn) {
    resps := map[string]string{
        "hello":   "こんにちは",
        "元気ですか":  "元気だよ",
        "天気は？":   "晴れです",
        "元気ですか？": "元気だよ",
        "おなかすいた": "ぼくもおなかすいた",
    }

    input := bufio.NewScanner(c)
    for input.Scan() {
        msg := input.Text()
        go func() {
            str := ""
            for cmnd, resp := range resps {
                if strings.ToLower(msg) == cmnd {
                    str = resp
                    break
```

```go
                }
            }
            if str == "" {
                str = fmt.Sprintf("[%s]", strings.ToUpper(msg))
            }
            fmt.Fprintln(c, str)
            time.Sleep(500 * time.Millisecond)
        }()
    }
    c.Close()
}

func main() {
    fmt.Println("サーバースタート")

    // 接続してクライアントに耳を傾ける
    l, err := net.Listen("tcp", "localhost:8000")
    if err != nil {
        log.Fatal(err)
    }

    // 個々の接続を処理する
    for {
        conn, err := l.Accept()
        if err != nil {
            log.Print(err) // e.g., connection aborted
            continue
        }
        go handleConn(conn)
    }
}
```

10.2

```go
// q10_2.go
package main

import (
    "bufio"
    "fmt"
    "log"
    "net"
```

```go
    "os"
    "strings"
    "time"
)

// 接続を処理する
func handleConn(c net.Conn) {
    input := bufio.NewScanner(c)
    for input.Scan() {
        msg := input.Text()
        go func() {
            if strings.ToLower(msg) == "hello" {
                if time.Now().Hour() < 12 {
                    fmt.Fprintln(c, "[おはよう]")
                } else {
                    fmt.Fprintln(c, "[こんにちは]")
                }
                return
            }
            if strings.ToLower(msg) == "おやすみ" {
                fmt.Fprintln(c, "5秒後にサーバーが停止します。")
                time.Sleep(5 * time.Second)
                c.Close() // 他のゴルーチンも終了処理することが望ましい
                os.Exit(0)
            } else {
                fmt.Fprintln(c, "[", strings.ToUpper(msg), "]")
            }
            time.Sleep(500 * time.Millisecond)
        }()
    }
    c.Close()
}

func main() {
    fmt.Println("サーバースタート")

    // 接続してクライアントに耳を傾ける
    l, err := net.Listen("tcp", "localhost:8000")
    if err != nil {
        log.Fatal(err)
    }
```

```go
        // 個々の接続を処理する
        for {
            conn, err := l.Accept()
            if err != nil {
                log.Print(err)
                continue
            }
            go handleConn(conn)
        }
    }
```

10.3

```go
// q10_3s.go
package main

 (略)

func main() {
    fmt.Println("サーバースタート")

    // 接続してクライアントに耳を傾ける
    l, err := net.Listen("tcp", "0.0.0.0:8000")
    if err != nil {
        log.Fatal(err)
    }

    // 個々の接続を処理する
    for {
        conn, err := l.Accept()
        if err != nil {
            log.Print(err)
            continue
        }
        go handleConn(conn)
    }
}
// q10_3c.go
package main
```

```
    （略）

func main() {
    fmt.Println("文字列を入力してください（終了は quit）")

    // 接続する
    conn, err := net.Dial("tcp", "192.168.11.10:8000")
    if err != nil {
        log.Fatal(err)
    }

    （略）
}
```

第11章の解答例

11.1

```go
// q11_1.go
//
/*
 * イベント情報を出力したいときには次の行頭の//を取ってください。
 *   // fmt.Printf("key.Event%v¥n", e)
 */
package main

import (
    "image/color"
    "log"

    "golang.org/x/exp/shiny/driver"
    "golang.org/x/exp/shiny/screen"
    "golang.org/x/mobile/event/key"
    "golang.org/x/mobile/event/lifecycle"
    "golang.org/x/mobile/event/paint"
    "golang.org/x/mobile/event/size"
)

func main() {
    driver.Main(func(s screen.Screen) {
        w, err := s.NewWindow(&screen.NewWindowOptions{
```

```
                Title:  "q11_1のウィンドウ",
                Height: 360,
                Width:  480,
            })
            if err != nil {
                log.Fatal(err)
            }
            defer w.Release()

            var sz size.Event
            for {
                e := w.NextEvent()

                switch e := e.(type) {
                case lifecycle.Event:
                    // fmt.Printf("lifecycle.Event%v¥n", e)
                    if e.To == lifecycle.StageDead {
                        return
                    }

                case key.Event: // イベント情報を出力したいときには
                    // fmt.Printf("key.Event%v¥n", e) // この行頭の//を取る
                    if e.Code == key.CodeEscape {
                        return
                    }

                case paint.Event:
                    blue := color.RGBA{0x00, 0x00, 0xdf, 0xff}
                    w.Fill(sz.Bounds(), blue, screen.Src)
                    w.Publish()

                case size.Event:
                    sz = e

                case error:
                    log.Print(e)
                }
            }
        })
    }
```

11.2

```go
// q11_2.go
package main

import (
    "image"
    "image/color"
    "log"

    "golang.org/x/exp/shiny/driver"
    "golang.org/x/exp/shiny/screen"
    "golang.org/x/mobile/event/key"
    "golang.org/x/mobile/event/lifecycle"
    "golang.org/x/mobile/event/mouse"
    "golang.org/x/mobile/event/paint"
    "golang.org/x/mobile/event/size"
)

// Point 構造体
type Point struct {
    X, Y int
}

func main() {
    var points []Point

    driver.Main(func(s screen.Screen) {
        w, err := s.NewWindow(&screen.NewWindowOptions{
            Title:  "dots",
            Width:  400,
            Height: 300,
        })
        if err != nil {
            log.Fatal(err)
        }
        defer w.Release()

        var sz size.Event // ウィンドウのサイズイベントを保存する
        for {
            e := w.NextEvent()
```

```
        switch e := e.(type) {
        case lifecycle.Event:
            if e.To == lifecycle.StageDead {
                return
            }

        case key.Event:
            if e.Code == key.CodeEscape {
                return
            }

        case mouse.Event:
            if e.Button == mouse.ButtonLeft
                    && e.Direction == mouse.DirPress {
                p := Point{int(e.X), int(e.Y)}
                points = append(points, p)
                // 描画させるためにpaintイベントを送る
                w.Send(paint.Event{})
            }

        case paint.Event:
            lightgray := color.RGBA{0xf0, 0xf0, 0xf0, 0xff}
            blue := color.RGBA{0x00, 0x00, 0xdf, 0xff}
            w.Fill(sz.Bounds(), lightgray, screen.Src)
            for _, pos := range points {
                r := image.Rect(pos.X-5, pos.Y-5, pos.X+5, pos.Y+5)
                w.Fill(r, blue, screen.Src)
            }
            w.Publish()

        case size.Event:
            sz = e

        case error:
            log.Print(e)
        }
    }
    })
}
```

11.3

```go
// q11_3.go
package main

import (
    "image"
    "image/color"
    "log"

    "golang.org/x/exp/shiny/driver"
    "golang.org/x/exp/shiny/screen"
    "golang.org/x/mobile/event/key"
    "golang.org/x/mobile/event/lifecycle"
    "golang.org/x/mobile/event/mouse"
    "golang.org/x/mobile/event/paint"
    "golang.org/x/mobile/event/size"
)

// Point 構造体
type Point struct {
    X, Y int
}

func main() {
    var points []Point

    driver.Main(func(s screen.Screen) {
        w, err := s.NewWindow(&screen.NewWindowOptions{
            Title:  "dots",
            Width:  400,
            Height: 300,
        })
        if err != nil {
            log.Fatal(err)
        }
        defer w.Release()

        var sz size.Event // ウィンドウのサイズイベントを保存する
        for {
            e := w.NextEvent()
```

```go
        switch e := e.(type) {
        case lifecycle.Event:
            if e.To == lifecycle.StageDead {
                return
            }

        case key.Event:
            if e.Code == key.CodeEscape {
                return
            }

        case mouse.Event:
            if e.Button == mouse.ButtonLeft
                    && e.Direction == mouse.DirPress {
                if len(points) >= 10 {
                    return
                }
                p := Point{int(e.X), int(e.Y)}
                points = append(points, p)
                // 描画させるためにpaintイベントを送る
                w.Send(paint.Event{})
            }

        case paint.Event:
            lightgray := color.RGBA{0xf0, 0xf0, 0xf0, 0xff}
            blue := color.RGBA{0x00, 0x00, 0xdf, 0xff}
            w.Fill(sz.Bounds(), lightgray, screen.Src)
            for _, pos := range points {
                r := image.Rect(pos.X-5, pos.Y-5, pos.X+5, pos.Y+5)
                w.Fill(r, blue, screen.Src)
            }
            w.Publish()

        case size.Event:
            sz = e

        case error:
            log.Print(e)
        }
    }
})
}
```

付録 F　参考資料

- Go 言語全般

  https://golang.org/

  http://golang.jp/（日本語）

- Go 言語のドキュメント

  https://golang.org/doc/

  http://golang.jp/（日本語）

- shiny などの実験的パッケージと非推奨パッケージについて

  https://godoc.org/golang.org/x/exp

■ 著者プロフィール

日向 俊二（ひゅうが・しゅんじ）

フリーのソフトウェアエンジニア・ライター。

前世紀の中ごろにこの世に出現し、FORTRAN や C、BASIC でプログラミングを始め、その後、主にプログラミング言語とプログラミング分野での著作、翻訳、監修などを精力的に行う。わかりやすい解説が好評で、現在までに、C#、C/C++、Java、Visual Basic、XML、アセンブラ、コンピュータサイエンス、暗号などに関する著書・訳書多数。

やさしい Go 言語入門

2020 年 5 月 10 日　　初版第 1 刷発行

著　者　　日向 俊二
発行人　　石塚 勝敏
発　行　　株式会社 カットシステム
　　　　　〒 169-0073 東京都新宿区百人町 4-9-7　新宿ユーエストビル 8F
　　　　　TEL（03）5348-3850　　FAX（03）5348-3851
　　　　　URL　http://www.cutt.co.jp/
　　　　　振替　00130-6-17174
印　刷　　シナノ書籍印刷 株式会社

本書に関するご意見、ご質問は小社出版部宛まで文書か、sales@cutt.co.jp 宛に
e-mail でお送りください。電話によるお問い合わせはご遠慮ください。また、本書の内
容を超えるご質問にはお答えできませんので、あらかじめご了承ください。

Cover design　Y.Yamaguchi　　© 2020 日向 俊二
Printed in Japan　ISBN978-4-87783-486-9